国家自然科学基金项目（71472144）
教育部人文社会科学研究西部和边疆地区项目（14XJA630004）
西安市科技计划软科学项目[2017110SF/RK004-(6)]
陕西省软科学研究计划项目（2019KRM006）
联合资助



Core Enterprise Leadership in Innovation Network

# 创新网络核心企业领导力

谢永平 等◎著

科学出版社
北京

**图书在版编目（CIP）数据**

创新网络核心企业领导力/谢永平等著.—北京：科学出版社，2019.11

ISBN 978-7-03- 061117-8

Ⅰ. ①创… Ⅱ. ①谢… Ⅲ. ①企业领导-影响-企业创新-研究 Ⅳ. ①F272.91 ②F273.1

中国版本图书馆 CIP 数据核字（2019）第 080975 号

责任编辑：石 卉 李秉乾 / 责任校对：杨 然

责任印制：徐晓晨 / 封面设计：有道文化

科学出版社 出版

北京东黄城根北街 16 号

邮政编码：100717

http://www.sciencep.com

北京凌奇印刷有限责任公司印刷

科学出版社发行 各地新华书店经销

*

2019 年 11 月第 一 版 开本：720 × 1000 1/16

2026 年 1 月第三次印刷 印张：13 3/4

字数：288 000

**定价：128. 00元**

（如有印装质量问题，我社负责调换）

# 前　言

在经济全球化背景下，信息技术和网络技术迭代更新，技术革新与创新的速度日渐加快，企业组织所处的市场及所面临的竞争环境也发生了改变。面对不断更新升级的技术需求，不断细化、深化的专业化分工，不断缩短的产品生命周期，趋于多样化和个性化的顾客需求，企业原有的竞争优势难以继续维持，仅仅依靠企业内部的资源和能力已不能满足顾客日渐多样化和个性化的需求，依然采用传统组织形式的企业渐渐感到力不从心。20 世纪末，日本丰田、索尼等公司通过与相关机构合作建立战略合作关系，获得竞争优势，并迅速在美国市场上取得成功。这使得全球企业普遍意识到合作在获得竞争优势中的作用，纷纷开始利用自身以外的外部资源，与市场中相关企业建立合作关系，希望通过相互协作来构建可以实现知识共享、资源互补的网络组织，为企业自身及整个合作网络创造竞争优势，以此对抗网络外部竞争。创新网络是为了应对系统型技术创新中的不确定性和复杂性，由具有互补性资源的网络成员企业通过正式或非正式的合作技术创新关系连接而形成的网络组织。创新网络为企业之间建立网络连接提供了实现路径，也帮助企业在激烈的竞争中占有一席之地。

在创新网络中，不同企业所处的网络位置不同。有些企业因其自身拥有的独特资源或能力而处于核心地位。这种优势使得企业的成长速度势必快于其他企业，长此以往其自然成为创新网络中的核心企业。核心企业拥有无法被复制或模仿的核心能力，掌握着核心技术，能够在创新网络中推动并控制新技术的发展。不同于科层组织的领导，核心企业对网络组织的其他成员不存在权力上的阶层关系，对成员企业的协调与领导也不是上级对下级的指挥命令，而是以企业自身的影响力形成一种无形的力量，吸引和促使网络内的其他成员企业自发跟随，这种影响力即为核心企业领导力。

目前，学术界对创新网络中核心企业领导力的研究主要集中在其对网络中其他成员及整个网络的影响作用，以此探讨如何通过核心企业领导力提高各企业及整个网络组织的绩效，但对有哪些因素影响创新网络中核心企业领导力的形成，仍缺乏较为详细且深入的研究。因此，本书第二章旨在通过分析相关理论研究，采用专家访谈及数据分析方法，探讨创新网络中核心企业领导力的影响因素，为建立核心企业领导力提供理论基础。

如何提高技术创新战略联盟的运行效率与创新绩效是当今研究的热点问题。核心企业是创新网络组织的协调者和管理者，担负着确保整个网络有效运作和进一步提升网络绩效的职责。充分发挥创新网络中核心企业领导力的作用，有助于整合和汇聚网络内各个企业的优势资源，形成网络创新合力，有效提升网络整体的创新能力，使网络内每个企业都受益于这种网络化的运作形式。因此，首先，本书第三章探索了核心企业领导力对网络创新能力的影响，并分析了知识聚合的网络作用，从核心企业对创新网络中不同质的知识资源的整合、创造潜能入手，分析核心企业依靠其强大的知识资源统筹、汇聚和再创能力，不断提升网络成员的技术创新能力和水平的方式；其次，本书第三章还以战略联盟核心企业领导力为出发点，从网络关系和网络知识两个方面探讨核心企业领导力对联盟关系绩效和创新绩效的影响作用，以期对今后技术创新战略联盟的建立和运行及联盟中核心企业的培育壮大提出一定的指导和建议。

随着创新网络组织在越来越多的企业间运行，网络绩效的高低深受企业的关注，而网络绩效在很大程度上受网络关系好坏的影响。创新网络并不是简单地由许多企业共同构建的一个供应关系的链条，而是不同企业间以各式各样的关系形态构成的网络。网络管理涉及各成员间的关系管理，建立与维持良性的、稳定的网络信任、合作关系是实现优质的网络管理的必要步骤。只有维持良性的网络关系，网络管理才可能会成功。目前，学者围绕网络关系探讨的核心是网络关系质量与网络绩效、行为的关系研究，较少从结果变量的视角对网络关系进行探讨。创新网络管理要达到好的效果必须维持优质的网络关系，因此研究网络关系受到哪些因素的影响对创新网络管理非常重要。通常，网络中的权力恰好汇集于核心企业，因为核心企业拥有着能够使其他成员不得不依赖其生存的资源优势。从已有的文献可以看出，权力对关系存在一定影响，但是已有研究主要集中于理论研究，关于权力如何在核心企业领导力对关系的作用机制中产生作用的研究较少。本书第四章旨在通过实证研究讨论创新网络中核心企业领导力对关系的作用机制，同时探讨权力在其中扮演的角色。

本书得到了国家自然科学基金项目“核心企业领导力及在技术创新战略联盟中的作用机理研究”（项目编号：71472144）、教育部人文社会科学研究西部和边疆地区项目“核心企业领导力对技术创新战略联盟绩效的影响机理研究”（项目编号：14XJA630004）、西安市科技计划软科学项目“基于核心企业带动的西安军民融合产业集群发展研究”［项目编号：2017110SF/RK004-(6)］、陕西省软科学研究计划项目“西安全面创新改革试验问题研究——陕西军民融合产业集群发展路径研究”（项目编号：2019KRM006）的联合资助。第一章由刘敏、毛艳征、郑倩琳、谢永平完成，第二章由刘敏、谢永平完成，第三章由郑倩林、毛艳征、谢永平完成，第四章由郭培培、常琪、谢永平完成，第五章由谢永平、王晶、尹艺璇完成，附录由王晶、刘敏、尹艺璇完成。全书由尹艺璇、谢永平完成统稿。

# 目　录

# 第一章

# 理 论 基 础

# 第一节　核心企业领导力

## 一、领导力

一头狮子带领的一群绵羊可以打败一只绵羊带领的一群狮子，这句话完美地诠释了领导力对一个组织的发展起着决定作用。学者对领导力的研究可以追溯到百年前，并以对领导者的研究为开端和依据。以 19 世纪末为起点，关于领导与领导力的研究越来越多地涌现出来。

### 1. 现代领导理论

自 19 世纪末以来，学者已经提出了很多领导理论，如领导特质理论、领导行为理论、情境理论、领导权变理论、路径-目标理论、变革型领导理论等。很多学者对现代领导理论进行分析总结，并对其进行了归纳。例如，有的学者将现代领导理论的发展大致分为三个阶段：领导特质理论阶段、领导行为理论阶段和领导权变理论阶段（斯蒂芬·P. 罗宾斯，1997）。王琰（2006）将领导理论归类为品质理论、行为理论、权变理论、领导的归因理论、领袖魅力的领导理论、交易型领导与变革型领导理论。谭红军等（2011）归纳总结了十大经典领导理论，包括特质理论、领导行为理论、情境理论、权变理论、路径-目标理论、领导-下属交互理论、变革型领导、团队领导、心理动力理论、领导伦理学。邵天（2014）提出领导理论的发展趋势基本为领导特质理论—魅力型领导理论—变革型领导理论。马丹（2014）将现代领导理论划分为四个时期，即领导特质理论时期、领导行为理论时期、领导权变理论时期、领导变革理论时期。本书采用马丹的划分方法，对现代领导理论进行分析说明。

（1）领导特质理论时期。早期的领导特质理论认为领导是天生的，并归纳出领导者的个人品质特征，后期的领导特质理论认为除了先天就有的特征素质之外，领导力也能够通过后天的培训和练习形成。例如，韦伯在 1915 年提出了领导力五要素模型,认为领导特质可以大致概括为五个方面，即外倾性（支配欲、社交才能）、随和性（共情才能、和善）、可靠性（组织能力、可信度、合规、成就导向）、情绪稳定性（恒定、自我接受度）和经验开放性（认知风格、新颖性及对外界新奇事物感兴趣的程度）（徐丽静，2014）。领导特质理论的研究在 19 世纪末到 20 世纪 40 年代逐渐增多，其研究成果对领导者的选拔起到了重要的作用。但是，领导特质理论仅仅关注领导者本人的特征和品质，忽视了环境和下属对领导者的影响作用，这种局限性使得领导特质理论逐渐难以适用。20 世纪 40 年代末,领导行为理论的研究出现在了人们的视野中。

（2）领导行为理论时期。20 世纪 40 年代末，学者开始纷纷研究起领导者的行为。领导行为理论认为，通过分析领导者的行为和风格，研究不同的行为和风格对下属员工的作用，能够找到提高领导有效性的方法。例如，俄亥俄州立大学（Ohio State University）和密歇根大学（University of Michigan）研究认为高效的领导者是既关心个人又关心生产的领导者。1945 年起，在斯托格蒂尔（Stogdill）的指导下，美国俄亥俄州立大学对不同环境下的领导行为进行了细致的分析后，提出了领导二维构面理论，即认为领导行为可以分为关怀维度和结构维度（斯蒂芬·P. 罗宾斯等，2008）。其中，关怀维度是指领导者对下属员工的友善、尊重、信任和喜欢程度，而结构维度则是指领导者为了实现工作目标和任务而采取的一系列行为，包括规划工作方案、明确目标实现过程、界定关系等。密歇根大学提出将领导行为主要分为任务导向型和员工导向型。其中，任务导向型的领导行为以工作的技术性为关注点，其领导的员工被看作实现目标的技术工具，而员工导向型的领导行为更为重视与员工之间的人际关系，尊重个体差异和个体需求（斯蒂芬·P. 罗宾斯等，2008）。得克萨斯大学（University of Texas）提出了另一种领导行为研究理论，即领导方格理论（斯蒂芬·P. 罗宾斯等，2008）。这种理论以绩效导向和维护导向分别作为坐标轴的横轴与纵轴对领导者进行评价，并由此产生了五种具有代表性的领导风格：贫乏型、中庸型、团队型、乡村俱乐部型和任务型。领导行为理论研究的关注点在于领导者在生产活动中表现出来的行为方式和类型，总结来看，其在领导的过程中表现为两方面的基本行为，即人际和任务，这为评估领导者提供了可靠的行为方法。然而，领导行为理论忽视了不同的情境对领导者行为模式的不同要求，具有相当大的局限性。因此，到了20世纪60年代，学者意识到情境是领导行为中不可忽视的要素，开始研究情境对领导行为的影响，形成了领导权变理论。

（3）领导权变理论时期。该理论弥补了领导行为理论对情境因素的忽视，认为领导的业绩应该是领导者、被领导者及情境这三者共同作用的结果。Fiedler（1962）提出了费德勒权变理论模型，并认为领导者的行为风格与情景相适应的程度决定了群体绩效的有效性，其模型包括职位权利、工作任务结构、群体气氛三要素。Hersey和Blanchard（1969）提出了情景领导理论，认为领导者通常是根据被领导者的不同情况而采取行动的，其中领导者行为包括任务行为和关系行为，而被领导者情况包括完成任务的能力和意愿，因此形成四种不同的领导风格：命令式、说服式、参与式和授权式。House（1977）提出了路径-目标理论，认为领导者应该为被领导者提供有效的指导与支持，根据不同的情境采取不同的领导方式和不同的激励方式，以此帮助被领导者达成组织目标，因此形成了四种不同的领导方式：指导型、支持型、参与型和成就型。Graen等提出了领导者-下属交换理论，认为领导者对待被领导者的方式是存在差异的，其研究表明组织中存在较少高效率的交换关系和大量低效率的交换关系（俞达和梁钧平，2002）。

（4）领导变革理论时期。进入20世纪80年代后，技术与信息变革促使变革、创新成为领导理论中新的要素。Burns（1978）在深入研究传统领导之后，将其定义为交易型领导，并在此基础上以创新为基点提出了变革型领导的概念。交易型领导是指在一定的体制结构中，领导者与被领导者处于不断交换的情况，领导者采用奖酬等方式鼓励被领导者完成工作任务。变革型领导是指领导者让被领导者自己意识到自己的责任，以此激发他们的潜能，完成组织目标。交易型领导与变革型领导并不是相互排斥的两种极端，前者是以被领导者的个人利益与需求为关注点，而后者则更注重被领导者的自我实现。House（1977）最早提出魅力型领导，并用几个关键词对其进行了定义，即支配性的、极强的感染力、极高的自信心、高尚的个人道德观念。Conger 和 Kanungo（1988）在 House（1977）定义的基础上，进一步提出了五种描述魅力型领导的特征：前瞻性、对环境的触觉敏锐、对被领导者的需求敏感、大胆、不落俗套。Sashkin 于 1984 年提出了愿景型领导理论，认为有效的领导往往是具有愿景的领导（李效云和王重鸣，2004）。Naresh 对愿景型领导特征进行研究，认为愿景型领导包括两个维度：一是专家和分析，指领导者的知识、解决问题和分析思考的能力；二是愿景和未来，指领导者对未来发展趋势的愿景和战略性眼光（于博，2015）。

### 2. 领导力的定义与特征

领导力的研究是以领导为基础的。在西方学者的研究中，领导与领导力都称为 leadership，而在国内的研究中，学者根据理解的不同分别翻译为领导和领导力。中国科学院“科技领导力研究”课题组（2006）提出领导具有五种共性：①领导是一个领导者影响被领导者的完整过程；②领导者必须掌握足够的资源和能力，才能对被领导者施加影响；③领导者对被领导者的影响是至关重要的、合法的、合理的、合算的，如此被领导者才会自发接受影响；④领导是实现组织目标的过程；⑤领导的过程、领导的活动或者领导的行为都需要在一定情境中开展、进行。由此可以看出，领导与领导力的区别主要表现为二者的定义特征和规定的内涵不同：第一，领导是一种过程，而领导力是一种能力或能力体系；第二，领导的焦点在于一个特定的情境中领导者与被领导者之间如何实现相互作用，而领导力则侧重于领导者带动被领导者，以此达成组织目标的能力。邵天（2014）认为，领导与领导力最根本的差异在于领导意指一种行为或过程，而领导力正是进行这种行为或实施这个过程的能力。

目前，由于不同的研究目的和背景，学者在对领导力的定义上可以说是众说纷纭。例如，Bennis（1959）认为领导力是将愿景转为现实的能力。Kotter（1997）认为领导力是在激烈且迅速变化的竞争环境下，企业必须要解决的战略问题。Covey（2010）认为领导力包含四方面的能力，即探索前进方向、集成模型、授权自主、树立典范。Kouzes 和 Posner（1998）提出领导力是领导者激励被领导者在组织中自发做出杰出成就的能力，并提出领导者应注重以身作则、共启愿景、打破现状、使众人行、激励人心五种行为。Maxwell（2003）认为领导力即影响力。吴维库等（2002）认为领导力是一门关于怎样实现成功领导的学问。童中贤（2003）认为领导力的运作具有合力效应，是一种相互作用的影响力，是一种作用于共同目标的行为，往往通过管理发挥作用。翟鸿燊（2001）从以下几个方面详细描述了什么是领导力：①领导力是一种赢得支持者、信徒的能力；②领导力是一种能够凝聚众人并激发众人潜在爆发力的能力；③领导力由事件产生并得以延续；④非权力性影响力更能反映出领导力的特点；⑤领导力伴随风险和挑战。张青林（2005）提出领导力可以分为领导方法、领导艺术、领导风格等。梁健（2005）认为领导力是领导者将自己拥有的资源与实际结合起来，通过激励并指导被领导者，从而达成组织目标的能力。中国科学院“科技领导力研究”课题组（2006）认为领导力是指领导者在一个特定的情境中引领和影响被领导者及利益相关者，并持续达成组织目标的能力。王芳（2010）认为，领导力是由多种具有不同特征的组合同时作用而产生的。沈宁（2014）认为领导力是一种人的自我意识，是一个为达成目标而努力的过程，是一种影响力，并认为领导力的关键特征主要体现为引领团队、直面现实、展现共同价值观和理想追求、为人真诚、达成目标。

总结上述学者对领导力的定义，笔者认为，领导力是指在特定情境下，领导者影响并激励被领导者完成目标的能力。

### 3. 领导力模型

关于领导力构成成分的研究，大多数学者都认为领导力是由各种不同的领导能力或特征构成的，然而目前学术界对领导力的具体构成还没有形成一致的看法。Chapman 与 O'Neil（2004）认为领导力的构成要素主要有六项：充满理想色彩的使命感、果断而正确的决策、共享报酬、高效沟通、足够影响他人的能力和积极的态度，同时提出了一个较为科学合理的领导力公式，认为领导力是前五项元素与第六项元素的乘积，如图 1-1 所示。

$$\text{领导力}=\sum\left\{\begin{array}{l}\text{充满理想色彩的使命感}\\\text{果断而正确的决策}\\\text{共享报酬}\\\text{高效沟通}\\\text{足够影响他人的能力}\end{array}\right\}\times\text{积极的态度}$$

图 1-1 Chapman 和 O'Neil 的领导力公式

Howell 等（2005）认为领导力应该具有五种基本领导能力，即支柱能力、指导能力、参与能力、激励惩罚能力和人格魅力。通用电器公司（General Electric Company，GE）从自身企业出发，提出了 GE 领导力模型，认为领导力应该包含“4E+P”，即活力（energy）、激励力（energize）、决断力（edge）、执行力（execute）、激情（passion）（张芝和，2010）。国际商业机器公司（IBM）提出领导力包含致力于成功、动员执行和持续动力三大要素，且它们围绕对事业的热情运转（马志坚，2011）（图 1-2）。

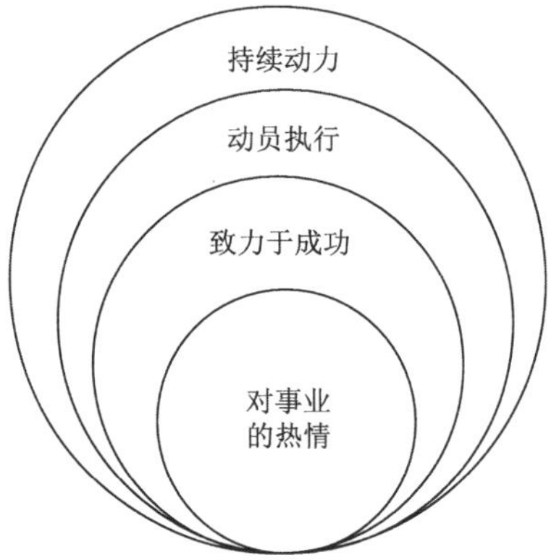


图 1-2　IBM 领导力模型

Cashman 和 Walsh（2007）以组织目标实现过程为基础，提出了领导者必须具备的七种能力：目标控制、变更控制、人际交往的控制、实质控制、平衡控制、操作控制和个人控制。陈晓征和刘永梅（2010）认为领导力模型由五种能力构成，即战略性思维、追求卓越、激励团队、发展自己和他人、团队合作。

中国科学院“科技领导力研究”课题组（2006）提出了领导力五力模型，认为领导力应包含五种不同的能力：①与群体或组织目标相对的目标和战略制定能力，即前瞻力；②对应于或来源于被领导者的能力，包括吸引被领导者的人格魅力，即感召力；③影响被领导者和情境的能力，即影响力；④与群体或组织目标实现过程相对的能力，主要包括快速纠正并能做出果断决策的能力，即决断力；⑤控制目标完成过程的能力，即控制力。这几种领导能力对领导者而言是同等重要的，但是并不意味着它们处于同一层面，其中感召力是核心的领导能力；前瞻力和影响力是在感召力的基础上延展而来的，是位于中间阶层的领导能力；在决定性的重大危急关头能够果断进行决策、控制决策权的决断力和控制力，是前瞻力和影响力的延伸和推进，是处于实施阶层的领导能力，如图 1-3 所示。

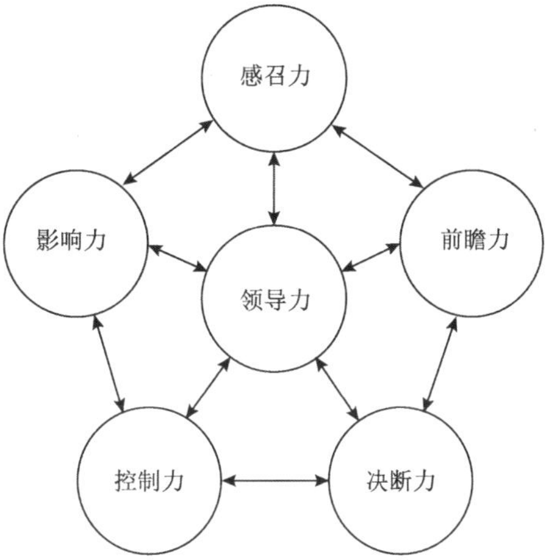


图 1-3 领导力五力模型图

## 二、核心企业

随着网络组织的出现，网络中逐渐形成了一些特殊的个体组织，它们对网络中的其他成员企业及整个网络组织都发挥着不可忽视的作用。通常这些特殊个体在西方研究中被概括为 leader firms、leading firms、focal firms 等，而我国学者则将其称为领导企业、龙头企业、焦点企业或核心企业，并从不同的角度对其进行了定义和研究。本书沿用“核心企业”的称谓，并在本章对核心企业的相关研究进行综述。

### 1. 核心企业的概念

目前，学术界对核心企业的概念界定还没有形成较为统一的说法，总结对核心企业概念界定的文献，学者主要从以下几个方面对核心企业的内涵进行说明。

（1）从供应链的角度。Guillén 等（2005）将核心企业定义为在某一特定行业或领域中占据核心地位的技术开发型企业，其组织的目标是不断开发研究核心技术，并创造出不同于其他企业的核心产品。Harland（1997)在研究供应链的结构模型时提出核心企业可以是生产制造企业，也可以是大型零售商，如沃尔玛( Walmart )。Langen 和 Adenaeuer( 2013 ）提出核心企业是供应链中在规模、市场地位、知识和企业家能力方面都拥有不可匹敌的高度的企业，因而能够为供应链中的其他上游、下游企业树立正面示范和引领作用。马士华（2000）提出核心企业能够保证供应链高效率地运行，可以促进供应链中的企业形成相对稳定且牢固的长期合作关系。刘贵富和赵英才（2006）认为核心企业可能是供应链中的某一个企业或集团，也可能是由几个企业联合形成的合资企业或战略联盟，而联盟主要有 P2P（Peer to Peer）或准 P2P 占有型股权式合资企业、相互持股型股权式战略联盟、双边契约型战略联盟。卢松泉（2008）提出核心企业应该是掌握供应链中其他企业所不具有的资源，控制着供应链的运作节奏与步伐，有能力分配并整合供应链中的资源，能够提高整个供应链的核心竞争力的企业。武玉英和杨莹（2009）认为供应链中的核心企业并不是一成不变的，而是随着供应链中其他成员企业及所处市场环境的变化而改变。成熙（2012）认为核心企业是指供应链中具有独特资源、杰出供应链管理能力，以供应链整体效益为目标，以自身优势带动供应链持续发展从而使供应链拥有核心竞争优势的企业。张睿（2013）将核心企业定义为在供应链运作中具有话语权，主导与上下游企业的贸易，并具有独特和不可模仿性的核心竞争力的企业。

（2）从产业集群的角度。学者分别从核心企业在产业集群中的位置、能力、作用及所拥有的资源与能力等视角对核心企业进行了定义，如表 1-1 所示。

表 1-1　从产业集群角度对核心企业的定义

| 定义视角 | 定义内容 |
| --- | --- |
| 位置 | Lazerson 和 Lorenzoni（1999）认为，核心企业是位于供应商与客户网络之间的中心位置，能够挑选、吸引并引导精英合作伙伴，同时也具备一定的创新性和不可动摇的市场地位的企业<br>Newman（2001）提出核心企业是位于复杂网络中核心集散节点的企业 |
| 能力 | Baden-Fuller（1995）提出核心企业是指在产业集群内具有创新变革能力的、处于集群战略核心地位的企业 |
| 作用 | 刘友金和罗发友（2005）提出核心企业就是能够引领整个集群演进方向的企业 |
| 资源与能力 | 吴金明等（2007）认为，核心企业是在产业集群中占据较多资源或掌握核心技术、知识，具备强大协同能力和应对能力的企业 |

（3）从创新网络[①]和战略网络的角度。学者从核心企业的规模、所掌握的技术、知识利用等视角对核心企业进行了界定，如表 1-2 所示。

表 1-2　从创新网络和战略网络角度对核心企业的定义

| 定义视角 | 定义内容 |
| --- | --- |
| 企业规模 | Schilling 等（2008）提出创新网络中的核心企业通常是规模较大、成立年限较长、其总部位于相对较发达的国家的企业<br>Vanhaverbeke 等（2009）通过调查研究证明创新网络中的核心企业应该是网络中规模最大的企业 |
| 技术掌握 | Gay 和 Dousset（2005）研究发现，创新网络中的核心企业是掌握不能轻易被其他企业模仿的核心技术的企业，以此来巩固其在创新网络中独特的核心地位<br>Orsenigo 等（2007）认为核心企业通常是掌握某种新技术的企业，同时又是创新网络的组织者 |
| 知识利用 | Pittaway 等（2010）认为核心企业是创新网络中能够通过各种渠道快速获得知识的企业<br>Escribano 等（2009）通过研究证实创新网络中的核心企业对知识的吸收利用能力优于网络中的其他企业<br>Malipiero 等（2005）认为核心企业是创新网络中的知识引进者，能更好地利用外部知识，在实现自身发展的同时能促进整个创新网络的创新 |
| 其他 | Jarillo（1995）提出战略网络是以核心企业为中心而建立起来的，因此核心企业既能够协调自身企业，也能够协调网络中的其他成员企业 |

① 本书中所指的创新等同于技术创新。

（4）从价值网的角度。牛小华（2005）提出了与核心企业相同意义的价值网企业的概念，认为价值网企业在价值网中具有优势地位，有能力完成网络中所有资源与能力的分配与集成，使网络整体创造出最大价值。史修松（2006）提出价值网中的核心企业拥有更多的外部优势和协作优势。李玉琼和朱秀英（2007）提出核心企业是指在企业价值网中位于中心位置，拥有异于其余企业的竞争力和引领力，能够协调和控制其他企业价值链的企业。

### 2. 核心企业的特征

关于核心企业的特征研究，或核心企业必须具备的条件，学者也进行了细致的分析研究。

Rogers（1997）认为，核心企业在企业规模、员工总数、研发投入、专利数、新产品市场占有率等方面具有比较优势。

张巧珍（2014）认为，产业集群中的核心企业应具备三个特征：①联系多向性。核心企业位于产业集群的核心地位，除了与集群中的其他成员企业构建联系外，还要与集群外部组织建立合作、竞争等多层联系。核心企业通过与产业集群以外的组织建立联系，使得集群内部企业迅速进行技术、知识的更新，从而促进内部创新。通过与集群内部企业建立联系，使得新技术、新知识在集群内部迅速流通和发展。②创新领先性。核心企业必须拥有较强的创新能力，在技术、管理、营销等方面都领先于集群中的其他企业。③行为引导性。核心企业是创新的先驱，其在客观和主观方面必然引导集群内其他企业的战略行为。

程铁（2005）认为核心企业应具备的条件主要有两方面，即拥有核心市场资源和核心竞争力。其中，核心市场资源是指能够吸引消费者的产品或服务，以便在市场中占据较强份额。而其核心竞争优势主要表现在三个方面：①实现顾客价值；②进行差异化竞争；③不断推出新产品，即持续性创新。除此之外，他认为核心企业还必须具备产业洞察力、系统组织能力和运作能力。

李季芳（2008）提出供应链中核心企业的四个特征：①具有行业影响力，在供应链的业务流程中处于统治地位，在竞争中处于优势地位，因而在行业中具有垄断优势；②具有高信誉，这是核心企业与其他企业建立合作的基础；③具有持续的产品开发能力，产品生命周期因市场竞争的日趋激烈而越来越短，核心企业只有保持持续的开发能力才能保持在市场上占有的份额；④具备强大的融合力，其融合力是指核心企业与其他企业在经营理念、合作精神及企业文化等方面的相互交融。

刘贵富和赵英才（2006）提出核心企业应具备六个基本条件：①在行业或领域中具有极强的影响作用；②具有较高的产品研发能力；③产品能够快速占据市场；④产品结构可模块化生产；⑤具有较好的商业信誉；⑥具有较强的协调产业集群中企业相互合作的能力。

## 三、核心企业领导力

在存在核心企业的创新网络中，其他成员企业由于核心企业自身具有的独特资源和地位，在其影响或引领之下相互之间建立合作，齐心协力共同完成创新网络的目标,而核心企业所具有的这种影响或引领作用，即为核心企业领导力。目前关于核心企业领导力的研究并不多，相关的研究主要是从领导力理论衍生而来。本节将结合相关文献研究，对核心企业领导力的内涵及维度进行论述。

### 1. 核心企业领导力的内涵

目前学术界对核心企业领导力的界定还没有较为统一的说法。通过对这些研究进行梳理分析，笔者发现，大多数关于核心企业领导力的研究都是从领导力理论发展而来的。在上文中，笔者已经对领导力理论进行了论述，其主要是指企业中的个人领导力，而核心企业领导力则是指属于企业之间的由核心企业而产生的领导力。

Clemson 和 Evans（2012）认为，一般网络中的领导力就是处于关键节点上的企业所具有的能力或影响力。

郝斌和任浩（2011）提出从某种意义上来说核心企业并不仅仅局限于企业间“合作者”的角色，它同时是整个网络组织结构的“领导者”。因此，他们将核心企业的这种“领导者”角色所产生的影响力称为企业间领导力。他们认为企业间领导力产生的过程可以简单划分为三个阶段：首先，核心企业占据网络中的中心位置阶段，在这一阶段主要是完成企业对网络中信息以及各企业行为的掌控；其次，加强核心企业在网络中的中心性的程度的阶段，在这一阶段主要是确保核心企业在网络中的主导地位，并与其他企业相互联系，构成宽广而紧密的网络连接；最后，以核心企业的主导地位为基础，获得网络中其他企业的认同的阶段，在这一阶段实现核心企业的影响力从而使其成为领导者。同时，他们从企业间领导力的形成方面将其定义为核心企业对成员企业的影响力，核心企业通过寻找网络联盟的未来发展方向、协调并整合网络中的资源、确定网络目标、帮助处理成员企业面临的困难、形成正面企业形象与高声望来指引和影响网络联盟中的其他成员企业，并促进整个网络联盟的发展。

徐碧琳和李涛（2011）提出核心企业领导力是一种不存在权力、上下级、命令的影响力，能够对网络中其他成员企业起到适当的领导和团结的作用，并促使网络中出现企业间相互协作的现象。

谢永平等（2012b）认为，在创新网络中核心企业为获得其他成员的认可，会营造一个共同目标，以此吸引和影响成员企业持续为实现目标而努力。在这一过程中，核心企业对这些成员企业所形成的影响力即为核心企业领导力。

李春发等（2014）认为生态产业共生网络中的核心企业领导力由多

种能力组成，如影响力、引领力和协调力等。这几种能力能够协调生态产业共生网络中企业的有效运行，使网络实现协同发展，促进网络组织目标的实现。

黄飞（2014）认为核心企业领导力是拥有资源或能力优势的核心企业，通过其独特优势对其他成员企业产生影响，促进价值网中的各企业相互协作达成价值网目标的一种能力，并认为核心企业领导力与个体领导力存在一些差异。首先，核心企业领导力是指企业之间以一个企业为整体去影响其他企业的能力；其次，核心企业与其他成员企业之间不存在权力上的强弱势关系，没有行政隶属关系，也没有通过强制实现的权职关系，而只有通过合作建立的相互平等关系；最后，核心企业对其他企业的引导是为了实现整个组织的目标，即通过自身影响力使成员企业间相互合作，从而促进、发挥协同效应。

### 2. 核心企业领导力的维度

关于核心企业领导力的维度方面，大多数研究者都认同核心企业领导力是由几种能力组成的。

郝斌和任浩（2011）提出企业间领导力主要包括四个方面，即方向探索、联盟整合、关系协助和树立榜样，并认为企业间领导力的能力基础是网络能力，网络能力的强弱决定了企业间领导力的强弱。在对企业间领导力的进一步研究中，郝斌等（2013）提出企业间领导力是一种由不同层次能力构成的复合能力：技术能力是指核心企业在技术研究与开发及对系统技术的掌握与应用上优于成员企业；平台能力是指核心企业能合理、科学、有效地整合平台资源，实现资源利用最优化；制度能力是指核心企业能够制定出严密有效的制度体系来维持企业之间的相互协作。他们分别将这些不同功能作用的企业间领导力称为技术领导力、平台领导力和制度领导力。其中，技术领导力是指核心企业利用新技术快速占据市场份额的能力（图 1-4）；平台领导力是指核心企业通过有效地整合平台资源，实现资源利用最优而帮助成员企业的能力（图 1-5）；制度领导力是指核心企业通过构建网络制度而推动企业之间相互协作的能力。

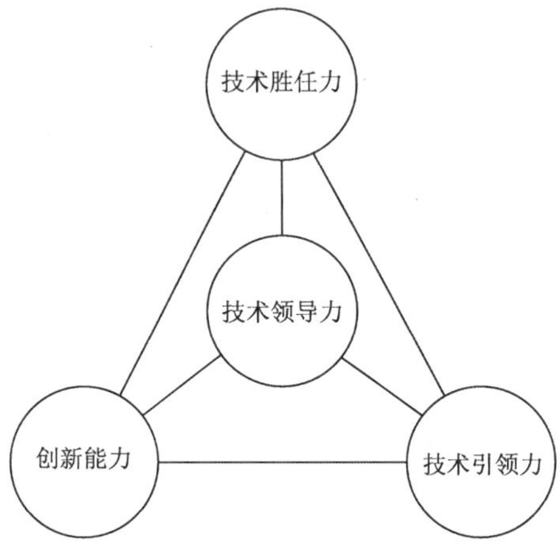


图 1-4　技术领导力结构体系

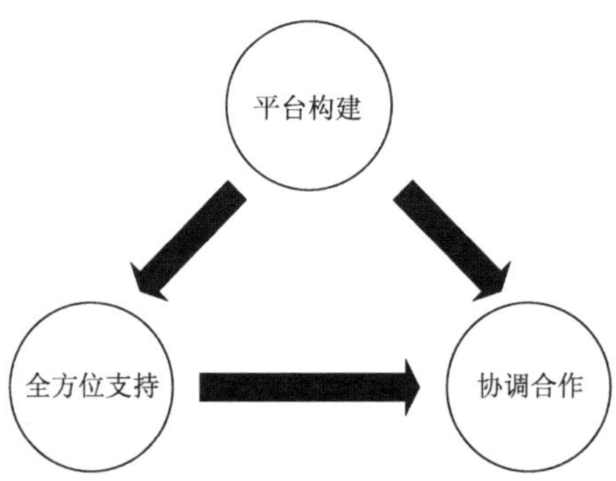


图 1-5　平台领导力结构体系

还有学者从领导力五力模型角度提出了核心企业领导力的维度。徐碧琳和李涛（2011）认为核心企业领导力可以从两个方面进行衡量，其中影响力是指核心企业通过所掌握的稀缺资源和核心技术及其在网络中的核心地位，从而影响网络中成员企业的行为并控制组织目标的实现过程；引领力一方面是指核心企业以环境变化为依据而制定有效的长期战略目标，并在目标的实现过程中不断调整，另一方面是指核心企业能够得到成员的认同、追随，从而凝聚和团结成员企业，稳定相互之间的合作。

李春发等（2014）在生态产业共生网络中提出，网络中的核心企业领导力应该包括影响力、引领力和协调力。

黄飞（2014）认为企业价值网核心企业领导力可以分为三个维度，即控制力、协调力与引领力。

郭春元（2010）基于核心企业领导力与科层领导力的不同，从领导力五力模型的理论出发，认为核心企业领导力的测量模型应进一步延伸为七个维度，即前瞻力、感召力、影响力、决断力、控制力、协调力和目标推动力。

本书需要测量核心企业在创新网络中调整网络成员关系、促进相互协作以及推动网络创新目标实现的能力，因此在核心企业领导力的划分上，将这些因素纳入其中，划分为三个维度，即协调力、影响力和引领力。

## 第二节　知识聚合与网络创新能力

### 一、知识聚合的内涵及维度

21世纪，知识作为一种战略要素，对企业核心竞争力的形成具有举足轻重的作用。可以说，每一个独立的企业均可以看作一个由知识构成的集合，集合内有与其他企业相似的元素，也有自己独特的、他人难以模仿的元素。不同的知识结构形成不同的企业特质，企业特质不同，将来在面临市场机遇、制订发展计划、配置内部资源、执行发展目标方面的反应和结果就可能产生很大的不同。

创新网络是由具有不同知识资源的企业构成的，换个角度来说，即独立的成员企业可以从创新网络中寻求帮助。通过这种知识交流，企业对知识的利用实现了规模效应，有效避免了单一企业知识资源过剩造成的浪费，以及由于知识储备不足引起的创新风险。

企业应以知识为核心，对网络中的知识资源进行系统整合，形成基于优势知识资源的新产品或者新技术的研发优势，进一步解决产品创新或者新技术研发中的困难，提高创新转化的速度和效能，提升市场适应和竞争能力。

知识聚合为什么这么重要呢？主要是由外部发展环境、企业自身条件决定的。首先，在外部发展环境方面，产品进化步伐不断加快，技术集成特性不断增多，一体化多功能的市场需求不断增加，客观上要求企业必须不断扩充知识构成，持续提升知识禀赋；其次，企业自身的知识集合是有限的，难以满足不断变化的市场创新需求。因此，企业需要加强自身对外部知识的了解，促进知识互通，实现知识共享，以保证充足的创新潜力，维持自身的竞争优势。

伴随对知识聚合认识的深化，相关的观点日益增多。例如，肖小勇（2009）从创新网络的视角出发，运用实证研究的方法探究了网络中知识转移的问题。研究结果表明，根据网络成员企业间关系的紧密程度，以及由此形成的组织聚合程度，可以实现成员所需知识的转移和聚合。这一研究成果启示我们：创新网络中的落后企业通过寻求合适的知识获取对象，可以通过不同聚合程度的关系网络获取所需知识资源，参与网络知识转移；同时，在参与知识转移的过程中，可以通过广泛的网络连接不断扩大自己的合作范围，强化知识的吸收和再创能力。

谢永平等（2012b）以陕西省西安市高新技术产业开发区具有紧密合作创新关联，符合创新网络特性的 223 家企业为调研对象，对核心企业领导力的作用机制进行了深入探究。研究结果表明，核心企业领导力能对技术创新起到关系协调、共享等作用。具体作用方式表现在：因为核心企业占据创新核心位置，具备了一定的网络权力，因此具有管理协调功能。通过协调网络关系的活动，能够及时发现网络中潜藏的关系冲突与利益矛盾，有效预防网络中机会主义行为的发生，进而促进网络行为一致性。

和谐、有序的网络环境为知识聚合创造了良好的条件，不仅有利于知识转移的实现，而且可以通过成员企业间和谐融洽的关系促进知识创造，为网络创新能力的提升奠定基础（Elsner et al.，2010；Gardet and Mothe，2011）。

正确、有效地发挥核心企业领导力有助于网络知识聚合的实现。Youmin（2004）研究指出，作为网络关系的主要管理者、协调者，以及行为治理主体，核心企业是网络成员分工、职能分配及角色安排的重要操控者。比如，可以通过调节现有节点企业的关系位置，来实现疏通知识传播堵塞，增强网络成员互动活跃度，提升知识转移效率的目的。网络整体的互通性提高了，知识聚合的效能也就提高了，网络整体创新能力的提升也就更加有保证了。

实践中，最初的知识交流主要通过市场交易的形式来实现，知识被作为一种要素，通过获取报酬的形式在市场流通。但在创新网络中，企业间知识的交换跳出了市场交易方式的框架，以一种更加灵活自由的方式来实现。Williams（1990）研究认为，创新网络是企业间自由、便捷、低成本实现知识交流互动的有效形式。研究知识聚合对创新网络的影响及对探析成员企业间的协同方式具有重要的意义。

张海涛等（2015）认为，知识聚合可以看作网络内成员企业间在信息的内容方面的汇聚、集合。这是从知识的内容方面加以界定的。

通过对知识管理系统的研究，唐一之和张仲义（2008）认为，知识聚合是对系统中的知识加以识别、删繁简化、浓缩凝练的过程。首先，要对系统中的知识进行搜索、加以识别，对整体状况进行详细了解；其次，基于一定的目的对现存知识进行归类汇聚，挑选需要的知识加以聚合。

吴晓波和刘清华（2003）从知识研究的视角出发，对战略联盟的作用机理展开了分析，认为联盟整合网络成员分散知识的方法有三种，即凭借联盟权力实现成员间知识的传递、基于互补性促进成员间知识的交流、在共同奋斗目标的框架内实现知识共享。

简而言之，知识聚合就是将联盟中分散的知识资源进行汇合、凝聚，分类重组，内化吸收为自身潜能，形成系统化的知识集合的过程。这种方法是提升联盟知识效能、降低成本、增加收益的有效途径。

王敬东（2014）将知识聚合定义为知识的吸收和演化的过程。在这一过程中，知识先经过聚类过程，将相同的知识分别汇聚起来，然后根据研究需要，将不同知识加以融合，形成有助于推动创新目标实现的知识资源。经过聚合后的知识，系统性更强，脱离了原本单一、独立的存在状态，成为有助于推动技术创新目标实现和提升创新能力的知识源泉。

赵雪芹（2015）提出，仅仅将知识聚合看作一个理论研究问题是不全面、不科学的，相关研究情景还要考虑到实践发展的需要，在进行一定的理论分析之后，需要回归实践环境，根据网络所处环境、发展目标的不同，对知识进行针对性识别、整合，发现最有利于实现网络目标的知识关联。

从整体功能上来讲，知识聚合是融合、汇聚外部知识信息，进而转化为内在发展潜力的能力。正如梁力军和孟凡臣（2011）在研究知识吸收能力中提到的那样，知识吸收能力是将外部有益知识不断内化、发展为自己的知识的能力。它包括以下几个过程：对外部信息的识别，对外部信息的消化，新知识的创造。

需要注意的是，本书涉及的知识聚合在本质上是一种知识汇聚手段，它本身并不能直接形成企业或者网络的核心竞争优势，但在核心企业领导力作用的引导下，对网络整体以及企业的竞争优势的形成和持续提升具有重要的促进作用。

随着知识聚合逐渐引起学者的关注，有关知识聚合的研究不断增多，对其维度的认识也逐渐深化。

Enberg（2012）在其相关研究中，将知识聚合划分为知识分享、知识转移和知识创造三部分，并对其关系做了阐述。创新网络是一个互动、共享的网络，可以有条件地让单个组织的知识不断地转移，知识在成员间的转移是知识创造的前提。

Eric 和 Terri（2000）认为，与顾客相似和位置相似相比，战略相似更有利于实现组织间的知识转移。战略相似实质上是目标相同、利益一致。相同的利益诉求更利于企业拉近彼此之间的距离，分享独立资源，促进知识转移。

Tsai（2001）发现，网络位置及其自身吸收能力的互动对网络组织间知识转移具有重要影响。因此，要想提高网络间的知识转移能力，网络位置和网络吸收能力是两大突破口。

Cummings 和 Teng（2003）认为，知识特性、伙伴之间的相互作用，知识间的差距和转移知识的活动，都在一定程度上影响着研发成员间最终的知识转移成效。而知识创造是新成果产生的必然过程，是知识聚合的根本归宿。

Grant（1996）提出，知识聚合是对组织个体间显性知识和技术的整合，并将其分为四个维度，分别是规则指令、排序、组织惯例和团体问题解决。

与 Grant（1996）研究观点不同，Long 等（2014）提出了知识聚合的二维度划分法，将团体问题解决并入了组织惯例，将规则指令和排序合并为规则方向。

吴晓波和刘清华（2003）认为，考虑到联盟内部成员企业地位和职能的层次性，知识实现传递和共享的范围存在较大差异，不同企业间需要共享的内容也会有所区分，内化吸收的方式也不尽相同。因此，知识聚合分别通过知识汇聚、知识重组、知识激活再生三个层次实现。

鉴于本书研究的是知识在网络主体间传递和演化中的作用，因此，根据知识存在状态的变化过程，本书将知识聚合划分为知识转移和知识创造两个阶段。

## 二、网络创新能力的内涵及维度

创新能力研究一直是学术界重点关注的问题，对指导技术创新实践活动具有重要理论意义，目前，相关研究成果较多。

Dantas 和 Bell（2011）认为，核心企业领导力对网络成员的行为具有重要的指引作用，进而可以推动网络创新能力的有效提升。企业的聚集在一定程度上有助于集群内企业资源的汇聚和共享，有助于提升企业的知识储备、技能潜力，提高生产效率，促进创新发展。王海花和谢富纪（2012）的观点是，核心企业对创新网络发展方向具有重要的引领作用。在网络中，核心企业通过网络发展规划、资源调配、网络关系协调、组织拓展开展日常管理活动，对网络成员的行为模式具有重要影响，是网络治理的主体。核心企业领导力的发挥有效保证了网络的稳定和协调发展，为网络创新活动的开展提供了良好的环境。

徐蕾和魏江（2013）对企业创新能力的研究发现，核心企业对推动产业集群创新能力提升具有重要作用。研究中，从集群的核心企业——海亮集团入手，分析核心企业如何配置集群资源、如何组建创新网络，以及如何带动集群成员提升创新能力等问题。

具有技术创新特质的企业是那些具有较高创新潜质，获得创新成果较多的企业。通过对高科技企业的相关实证研究，Song 和 Chen（2013）提出，核心企业对网络创新能力的提升有非常大的正面效果。核心企业通常是拥有关键能力，占据中心位置的实体，肩负着网络管理的重要职责。

核心企业在自身作用力下，以非科层式的领导，有效协调、增强网络成员间的信任度，营造和谐的网络氛围，对网络稳定起到积极的推动作用。

技术创新的观点被提出以后，在理论层面和实践层面都得到很大的发展。技术创新能力所蕴含的因素较多，研究者们从不同角度对其进行界定，如表 1-3 所示。

**表 1-3　技术创新能力定义**

| 学者 | 观点 |
| --- | --- |
| Meyer 和 Utterback（1993） | 从整体的观点出发，是研究开发能力、生产制造能力和营销能力的系统综合 |
| Larry 等（1981） | 从结构角度定义，是组织能力、适应能力、创新能力和技术与信息的获取能力的综合 |
| Burgelman（1985） | 是组织支持企业技术创新战略的一系列综合特征 |
| Barton 等（1992） | 从创新内容角度定义，是掌握专业知识的人、技术系统、管理系统及企业价值观等要素的综合 |
| Dutta 等（2005） | 从创新过程角度，定义为创造思想、使用思想以及使思想商业化等的能力 |
| Forsman（2011） | 基于资源观、知识基础观、吸收能力观和动态能力观等理论视角，定义为企业搜寻、识别、获得外部新知识，发现已有知识的新组合，或发现知识的新应用，进而产生能创造市场价值的内生性的新知识所需要的一系列战略、组织、技术、市场的能力 |
| Muller 和 Pénin（2006） | 是产品开发能力、改进生产技术能力、储备能力和组织能力的综合 |

有学者认为，技术创新能力具有多维度的特点，可以从创新内容（Barton，1992）和创新过程（Dutta et al.，2005）两种角度进行界定。

创新内容角度的定义是在综合考虑影响技术创新能力各要素的基础上形成的，包含技术创新能力提升需要涉及的各个主体。创新过程角度的概念界定主要考虑意识形态在技术创新能力各阶段的表现形式，从思想萌生，到被执行到实践中，再到应用。

Forsman（2011）相信，企业可以被看作知识高度集中的集合体。他综合以往研究成果，认为网络自身的创造能力是创造某些市场价值而对网络内部知识进行整合、再造的各种能力。

Winter 和 Nelson（1982）研究认为，对于一个企业而言，创新能力的实质就是那些影响创新要素发挥作用的各种高级知识储备。

学术界关于创新能力维度划分的研究成果较分散，尚未形成统一的认识，如表 1-4 所示。

**表 1-4　创新能力维度划分**

| 学者 | 维度划分 |
| --- | --- |
| Schumpeter（1909） | 分为技术创新能力、制度创新能力等 |
| Guan 和 Ma（2003） | 分为学习能力、研究与开发能力、资源利用能力、制造能力、营销能力、组织能力、战略管理能力七个方面 |
| Subramaniam 和 Youndt（2005） | 依据创新过程中变革的激烈程度，分为渐进式创新能力和根本性创新能力 |
| Marqués 和 Simón（2006） | 分为熊彼特能力和持续改进能力 |
| Sher 和 Yang（2005） | 基于能力来源分为内生创新能力和外生创新能力 |
| Zhao 等（2005） | 分为自主创新能力和从属创新能力 |
| 林筠等（2011） | 分为自主创新能力和与外部合作诞生的合作创新能力 |

其中，Subramaniam 和 Youndt（2005）依据创新过程中变革的激烈程度，将创新能力分为渐进式创新能力和根本性创新能力两种。渐进式创新能力描述的是创新过程变革程度较弱的情况，反之，则为根本性创新能力。

从能力的来源角度分析，Sher 和 Yang（2005）将创新细化为内生创新能力和外生创新能力两种。内生创新能力指的是创新能力的力量来源于企业自身力量的积蓄；而外生创新能力则相反，指引起创新能力变化的主要力量来自企业外部。

Zhao 等（2005）发现，企业的技术创新能力受到不同层面影响，主要分为自主创新能力和从属创新能力两种。这一观点与 Sher 和 Yang（2005）的研究观点比较相似。对于企业而言，要想不断提升技术创新能力，首先要充分发掘和利用自身潜能，依靠“内力”取得技术突破，开辟新领域；此外，有效了解外部资源，充分汲取外部优势弥补内部资源短板，不断提升自身的综合实力对企业创新能力的持续改进具有重要意义。

林筠等（2011）对技术创新能力进行了深入研究，认为可将其分为自主创新能力和与外部合作诞生的合作创新能力。

而本书研究的是创新网络环境下，核心企业领导力对网络创新能力的影响，自变量是核心企业领导力，因变量是网络创新能力。而网络创新能力与单一企业的创新能力类似，不仅会受到自身力量的主导影响，还会受到外部力量的协同影响。但是，不可忽视的是，当考虑到网络内各个主体不均衡力量的交互作用影响时，网络创新能力还会表现出协同创新的特性，即具有协同创新能力，也可称为合作创新能力。

本书研究的创新能力主要是创新网络层面的一种创造潜力，而非单个企业表现出来的技术创造能力，因此需要在广泛借鉴学术界现有关于创新能力研究成果的基础上，充分考虑网络这一研究对象的具体特征，提出网络创新能力的研究构念，使其涵盖所有能够激发网络整体创新潜力的知识、资源，以及在此基础上表现出来的创造能力。根据企业在创新活动中的参与程度，以及是否具有主导地位这两大方面，本书从自主创新能力和合作创新能力两方面对网络创新能力加以描述。

通过对全国范围内抽取的 28 个省市大中型国有企业的研究数据分析，刘志迎等（2015）认为，创新能力成为最后的竞争力主要依靠自主研发。这一研究结论建立在对 28 个省市 2004～2012 年的统计数据分析的基础上，具有较强的说服力。在西部与中部，技术引进对当地企业技术创新能力的提升效应比较明显；但在东部，从一定程度上来说，技术创新能力受外部作用的影响比较微弱。之所以会存在如此大的差异，原因可能在于经济发展水平对科技研发实力与知识更新程度的影响上。在东部地区，经济发展水平较高，科研院所及高等院校的知识更新较快，创造能力较强，科研水平较强，客观实践发展对技术创新能力提升的需求更迫切；同时，东部地区拥有足够的科研潜力和经济实力自主完成创新。而对于中西部地区而言，缺乏独立开展技术创新活动所需要的核心技术、科研潜力及雄厚的经济基础，故而通过合作形式实现创新更符合实际情况。

通过对企业合作行为的进一步研究，林筠等（2011）认为，企业间的合作行为对网络技术创新能力的提升具有积极的影响。具体体现在：企业通过合作完成了当前需要解决的技术问题，并积蓄了一定的技术力量，可以为后续独立开展自主创新活动，或者继续以合作形式开展创新实践奠定良好的基础。

虽然合作创新活动主要强调成员企业通过协作共同完成技术创新任务，但在完成任务的过程中，也会对个体企业创新能力的提升起到促进和催化作用。一方面，在合作的过程中，企业间的关系更加密切，网络成员间的默契度不断提升，信任度不断增加，为自身的发展拓展了完善的网络关联；另一方面，通过相互间协作，企业更加了解彼此的技术创新水平，自身的知识存量不断丰富，为以后独立开展创新活动打下了坚实的基础。

从某种程度上说，能力在本质上是由知识的拥有水平和差异程度决定的。许庆瑞等（2013）从核心技术知识的存在边界角度开展了相关研究，结果发现，对于高科技企业来说，如果将技术引进作为技术创新的基础和起点，其自主创新能力的演化路径为：以二次创新为发展起点，经过内化吸收逐渐向集成创新能力过渡，在自身创新潜能积蓄到一定水平后，走向独立发展原始创新能力的路径。

知识是影响创新的重要因素，知识存量集中反映了个体和组织的知识储备状况，决定着组织的技术创新潜力。赵志耘和杨朝峰（2013）通过对转型时期中国高新技术产业创新能力的研究发现，知识存量是影响产业或者区域创新能力发展水平的关键因素。

封闭式的发展模式不利于企业及时捕捉行业动态，获取多元化资源，从而不利于创新能力的发展。资源异质性程度较高的企业聚集在一起，有助于互通有无，加强协作，提升创新能力水平。

通过对国有企业和民营企业的对比分析，江诗松等（2011）研究表明，跨越组织边界的开放式学习对促进创新能力的提升更加有利。

# 第三节 联盟绩效

## 一、技术创新战略联盟绩效

在目前的战略联盟研究中，联盟的绩效研究是研究的热点问题，本书旨在研究核心企业领导力对技术创新战略联盟绩效的影响，有必要在此对技术创新战略联盟绩效的概念进行界定。

战略联盟绩效从广义上讲，是战略联盟所获得的利益、成绩和效果，是指联盟企业通过联盟获取的资源对企业竞争力提升的推动效应。

Das 和 Teng（2003）指出，现有文献中关于联盟绩效的研究存在两个角度：一方面，战略联盟双方被视为不同的实体，联盟的绩效应与各自实体的收益率或者增长率相关，这个视角比较适用于能够形成单独实体的联盟形式，如合资企业等；另一方面，联盟合作双方通过建立联盟以实现共同的战略目标，所以联盟绩效应该使用整体的联盟表现来界定，包括合作伙伴对联盟结果的整体满意度、合作企业预期目标的实现程度等。

基于后者的逻辑思路，许多联盟绩效研究文献，尤其是实证研究的文献都倾向于使用双方的战略联盟目标实现程度或者联盟双方对于联盟的满意程度来界定联盟绩效。例如，Lyles 和 Baird（1994）认为，可以使用类似合作目标的实现程度等主观指标来评价合作绩效的好坏；Arino（2003）也认为联盟绩效是指联盟合作双方战略目标实现的程度；而 Spekman（1994）提出，合作成员对合作关系的满意程度是衡量合作关系是否成功的一个重要因素；Das 和 Teng（2003）将其定义为联盟内所有伙伴企业完成它们战略目标的整体实现程度以及合作伙伴对联盟结果的整体满意度。

研究者就如何衡量联盟绩效主要采用三类标准（Park and Cho，1997）。第一类标准是衡量联盟合作者是否获取了既定的各自战略目标，主要是倾向于使用联盟战略目标的实现程度以及联盟双方对于联盟的满意程度等主观标准来评价联盟绩效。第二类标准是使用联盟的稳定性和持续性等指标来衡量联盟的绩效，但持续性并非联盟绩效的直接度量并且联盟时间长也并不一定意味着联盟具有良好绩效。Parkhe（1993）提出，长久的联盟持续时间与良好的联盟绩效水平并没有关系，而是和管理者高的承诺和高的退出成本有关。第三类标准则是衡量联盟合作者是否获取了预期的财务收益，主要是倾向于使用收益率、销售增长率等客观标准来评价联盟绩效。但考虑到使用财务数据比较困难，我们无法分离因联盟引起的财务变化，同时，使用财务数据进行衡量不能将联盟看作一个整体进行衡量，并且考虑到客观评价与主观评价的一致性，大多数学者倾向于使用主观标准来评价联盟绩效。因此本书采用第一类标准，即使用联盟战略目标的实现程度以及联盟双方对于联盟的满意程度等主观标准来对联盟绩效加以衡量。

企业之所以进入战略联盟，必然是为了实现一定的战略目标。因此，联盟绩效应该能够反映这些目标的实现状况，并且良好的联盟绩效应该是“双赢”或者“多赢”。应该从战略联盟整体目标的实现程度、联盟成员单个目标的实现程度以及联盟成员的合作满意度等多个角度来衡量联盟绩效。本书将技术创新战略联盟绩效定义为组成技术创新战略联盟的各个企业目标实现程度和联盟总体目标实现程度，以及在此合作过程中联盟成员的满意度。

综合以上关于联盟绩效的文献，本书将联盟绩效具体分为创新绩效和关系绩效。创新绩效在此等同于任务绩效，是相对于关系绩效来说的。下面，笔者将进一步分别对创新绩效和关系绩效进行界定。

## 二、创新绩效的内涵

本书所研究的技术创新战略联盟创新绩效是相对于联盟的关系绩效而言的，是指技术创新的绩效。创新绩效一般是指对企业技术创新活动效率和效果的评价，即企业创新行为给企业带来的成效。由于技术创新过程与产出的复杂性和多样性，目前学术界对技术创新绩效尚未形成公认的测度体系。

长期以来，创新绩效一直是管理学和应用经济学等领域中所关注的主要议题。在经济学上，创新的概念最早由 Schumpeter（1928）提出。他认为创新是建立一种新的生产函数，也就是说，把一种从来没有过的关于生产要素和生产条件的新组合引入生产体系。Schumpeter（1928）认为创新包括五种情况：①引进新产品；②引用新技术，即新的生产方法；③开发新市场；④控制原材料的新供应来源；⑤实现企业的新组织。

自经济学家熊彼特提出创新理论以来，国内外学者对“技术创新”的概念从不同的角度和层面进行了解释。从企业技术创新的视角来看，主要的解释如下。

首先，技术创新强调技术或发明的商业应用。在熊彼特的创新理论中，将创新认为是建立一种生产函数，把一种从未有过的关于生产要素与生产条件的新组合引入生产体系，其目的在于获得潜在的利润。其解释的核心在于技术发明的市场价值，即一项创新可以看成是对技术发明的商业或社会应用。

其次，将技术创新看作由新概念的构想到形成生产力并进入市场的全过程。陈文化和彭福扬（1998）指出，技术创新是企业按照市场需求将科技成果转化为商品，并首次实现其商业价值，是由技术创新构想、技术开发和试生产、首次实现其商业价值三个阶段相继进行的动态过程。许庆瑞（2000）也提出，技术创新是一种从新思想的产生，到研究开发、产品试制、生产制造、首次商业化及扩散的全过程。

综合上述对技术创新的解释，本书也认为技术创新的核心内容是企业创新产品市场化的成功，可以反映到企业的市场结果中，也就是说衡量技术创新的效果应当从市场的接受程度来体现。

在国外的文献中，常用两个术语来描述企业技术创新的成果，一个是 innovative performance，另一个是 innovation success，国内文献多采用“创新绩效”作为评价企业技术创新活动的术语。

Szilagyi（1977）认为，绩效是一种整体概念，可以代表组织运作的最终结果，包括效率和效能两个组成部分。效率在于把事情做得更好，而效能则指做正确的事，而这正是成功的根源。

关于技术创新绩效目前尚未形成明确一致的定义，国内外学者对技术创新绩效的理解主要集中在技术创新投入产出效率，以及技术创新活动的产出对企业的影响上。

Hagedoorn 和 Cloodt（2003）认为，创新绩效从狭义上理解是指根据企业将发明创造引入市场的程度测量的结果，从广义上理解是指从概念生成一直到将发明引入市场整个轨迹过程所取得的包括发明、技术及创新三方面的绩效。

高建等（2004）首次提出技术创新绩效的概念，认为技术创新绩效是指企业技术创新过程的效率、产出的成果及其对商业成功的贡献，包括技术创新产出绩效和技术创新过程绩效。

本书沿用高建等（2004）对技术创新绩效的概念，认为技术创新战略联盟创新绩效即战略联盟创新过程的效率、产出的成果及其对商业成功的贡献。

## 三、关系绩效的内涵

关系绩效是伴随着学者对绩效结构研究的深入而不断发展的。以往人们都认为绩效是一元的，即只有任务绩效。随着绩效研究的不断深入，人们逐步认识到在任务绩效之外，还有一种因素在影响着组织的绩效成果。

关系绩效的概念源于对工作绩效的划分理论。20 世纪 70 年代，国外许多学者开始对工作绩效的划分进行研究，他们开始把目光放在绩效结构上面。1970 年，著名的管理学家 Katz 和 Kahn（1970）提出了工作绩效三维模型，认为员工工作绩效应该包括三个方面内容：加入组织并留在组织中；达到或超过组织对员工所规定的绩效标准；自发地进行组织对员工规定之外的活动等。Katz 和 Kahn（1970）把与工作有关的行为分为了角色内行为和角色外行为两种。角色内行为是与员工正式的工作角色要求相关的行为，是在职位说明书规定范围之内的基本的工作职责和工作任务；而角色外行为则是有利于组织并超出组织角色期待的自发行为。

1983 年，美国印第安纳大学 Organ（1983）根据 Katz 和 Kahn（1970）的第三种行为，提出了组织公民行为（Organizational Citizenship Behavior，OCB）的概念，将其定义为帮助其他组织成员更好地工作或支援组织、对组织负责的一种超越自身责任的行为，即组织成员自愿做出的行为。这些行为没有得到正式的报酬系统直接而明确的认可，但从整体上有助于组织效能的提高。

Brief 和 Molowidlo（1986）提出了亲社会组织行为（Prosocial

Organizational Behavior，POB）的概念，即有益于他人幸福、愉快的行为。该行为的目的在于提升个体或组织的福利。

Campbell 等（1993）提出了一套划分工作绩效范围的绩效模型，将绩效行为分为因特定作业而产生的绩效行为和因其他方式产生的绩效行为。他们认为构成工作绩效的八大因素是职务特定任务绩效、职务非特定任务绩效、写作和口头交流、努力、遵守纪律、为团体和同事提供便利、监督与领导、管理。将职务特定作业的因素更多地渗透在组织所规定的角色行为里，而其他的因素则更多地渗透在组织公民性行为、亲社会组织行为以及奉献精神里。

在总结前人研究的基础上，Borman 和 Motowidlo（1993）发现，人们关注于一些工作绩效，即任务绩效，而忽视另一些对组织同样重要的工作绩效范畴，并定义为关系绩效。他们还指出，任务绩效的标准是瞄准组织的目标，是为了组织目标而存在的，即职务说明书中所规定的工作任务的完成情况；而关系绩效是指一种心理或社会关系的人际意志行为，它消除了任务绩效产生过程的矛盾和摩擦，有助于完成组织任务，如帮助同事、自愿做额外的工作、在组织困难时仍留在组织等。关系绩效致力于减少人际、团体和组织与个人之间的交易成本，从而提高组织绩效。关系绩效并不直接对组织目标做出贡献，但它保持了技术核心运营所必需的宽广的组织、社会和心理环境。

任务绩效和关系绩效的划分使得人们对工作绩效的认识不断深入，之后很多学者都对关系绩效进行了实证研究。Van Scotter 和 Motowidlo（1996）对 421 名美国航空技工的整体绩效、任务绩效和关系绩效进行了实证研究。通过对三者之间的相关及逐步回归分析发现，任务绩效和关系绩效能独立地对整体绩效产生影响。

根据我国学者周智红和王二平（2000）的研究，受中国传统文化的影响，关系绩效在中国企业的工作绩效评定中比任务绩效占有更大的权重。我们也经常发现，在企业中，特别是传统的国有企业，被提拔的人员往往并不一定是工作能力最强或者业绩特别突出的员工，而通常是那些人际关系比较好的员工。

在提出关系绩效的概念之后，Borman 和 Motowidlo（1993）又将关系绩效分为五个维度：①自愿做一些本不属于自己职责范围内的工作；②当被需要完成重要工作时，有持久的热情；③帮助他人并与他人合作；④严格遵守规章制度；⑤赞同、支持和维护组织目标。

Van Scotter 和 Motowidlo（1996）在前期的研究基础上，对关系绩效进行了进一步的研究，将关系绩效分为工作奉献（job dedication）和人际促进（interpersonal facilitation）两个方面，认为工作奉献集中表现在自律行为上，如认真遵守企业规章制度、努力工作、主动思考解决工作中的问题等；人际促进是指有助于组织目标实现的人际意愿行为，这些行为能够提高士气，鼓励团结协作，构建和谐氛围。

基于以上分析，由于本书研究的是技术创新战略联盟中的关系绩效，是以节点企业为研究对象的，所以这里将关系绩效用关系质量来代替。

目前，理论界对关系质量内涵的界定还没有达成共识。在关系营销的文献中，广泛认同的观点是，关系各参与方的关系质量是关系持久性和强度的重要决定因素，也是关系成功的重要决定因素。人们通常认为信任、满意和承诺是关系质量的核心组成部分。

## 第四节 权力与网络关系

### 一、核心企业的权力

#### 1. 核心企业的权力的内涵

Wuyts 和 Geyskens（2005）表明在渠道合作中，拥有权力多的一方企业会统领协作的过程，可以进行任务的分配和凭借自身的权威对其他成员进行行为限制，权力的大小决定了企业是否有发言的资格。

Ireland 和 Webb（2007）认为在网络中，保证高水平的公平及在一定的信任水平下许可行使更多的权力可以增强供应链的集体竞争力，促进供应链向更稳健的方向运行与操作。

Vurro 等（2009）认为供应链反馈了整个链条上成员企业间的联系。供应链中处于核心地位的成员比处于其他地位的成员有更多的权力，可以从链条中取得更多的信息，具备较强的影响力与控制力，成员的位置与其发展有着重大的联系。

通常，网络中的权力刚好汇集于核心企业。Belaya 等（2009）表示，网络的形成是因为多个企业之间存在交流、互动，在网络中有一个拥有许多能力的核心企业引领、推动全局，其他网络成员基于契约依赖于核心企业。网络中的权力存在明显的不对等，或许会致使有心者进行机会主义行为破坏信任关系、妨碍合作关系的持续，核心企业也能够利用其拥有的权力进行成员关系的调和、矛盾的处理，促进网络中个体实现共赢。

遵循资源依赖理论，供应链上成员企业对稀缺资源的需求导致权力的形成，但普通成员无法拥有和控制这种稀缺资源，因此只能被动地接受对方的权力。

企业会采取创造战略联盟、推行多元化战略、并购与收购活动等方式来减少自身对拥有稀缺资源控制权的企业的依赖程度以改变自身在交易中的劣势地位（Pfeffer and Salancik，2003）。

Krajewski 等（2005）则表示网络中的权力产生的根本原因是主体占据对一些稀缺资源的支配权，如某供应商拥有的关键客户的数量、市场份额、可供采购特定部件的供应商数量等。

Ireland 和 Webb（2007）也认为供应链中的权力来自对特殊资源、技术的保留和独揽，是主体为了实现自身利益而操纵供应链成员行为的技能。

对于权力，许多学者进行了相关的界定。Emerson（1962）最早提出权力的定义。他从能力的角度出发，认为权力是指某个人或组织支配或者操纵其他人或组织的能力。

### 2. 核心企业的权力的特征

Belaya 等（2009）认为权力存在于网络运营的整个流程中，对于网络的影响不容小觑。

Yeung 等（2009）表明居于主导地位的企业与组织通常拥有比其他企业更多、更重要的资源，如果它们行使强制性权力去支配、控制那些倚靠于它们的较弱小的成员，就会对这些成员产生更多的影响。

在网络中权力经常被用于使成员为了达到预定的业绩增进目标而服从某方期望的手段，或者让一些企业做一些它们不愿意、不常做的事情。虽然各个领域相关学者关于权力的界定不尽相同，但权力的功能是类似的，无非是控制、命令、决定行为、意图、决策等。本书从奖赏权力、强迫权力、合法权力三方面展开权力的特征介绍。

1）奖赏权力

奖赏权力是供应链权力持有者具备奖赏的能力。一方为了激励另一方按照自己的预期结果采取行动，在合作一方达到指定的要求时给予合作方一定的奖励作为报酬（Maloni and Beton，2000）。

在网络中，一方企业可以通过提供给另一方企业所重视的某种有特殊价值的资源的方式以实现彼此的目标，如承诺给予更多的订单、提供有价值的技术支持、进行专项投资等。这种方式虽然比较常见，但使用不当也可能危害网络关系。

2）强迫权力

强迫权力指权力持有者具备惩罚的能力。一方为了胁迫另一方按照自己的预期结果采取行动，在合作方未达到指定的要求时予以合作方特定的处治当作挟制（Maloni and Beton，2000）。

强迫权力建立在恐惧的基础上，合作企业如果不服从就会产生负向结果。为了避免消极结果的发生，如减少订单、撤销投资等，企业就会做本来不想做的事情（French and Raven，1959）。

3）合法权力

合法权力是通过法律机构进行的，指企业拥有的通过采取法律行为使得合作企业服从的能力，是法律、行业规范等授予的一种权力，一般默认这种权力受法律保障。

合作伙伴之间的合同和行业规范等是合法权力的关键出处，这些法律规范维护了成员的权力，也清晰明白地划分了成员所需要担负的责任（Kasulis and Spekman，1993）。

## 二、网络关系

### 1. 网络关系的定义

海内外众多研究对联盟关系的本质进行过解释，Maloni 和 Benton（2000）认为，供应链关系是供应链内部多个独立的成员为了保障某个特定目标的达成而建立的协调关系。建立网络关系可以给联盟绩效带来许多近期、远期的好处，如表 1-5 所示。

**表 1-5　网络关系利益**

| | | |
|---|---|---|
| 降低不确定性 | 降低买方不确定性 | ①原材料费用<br>②质量<br>③及时性及提前期<br>④可获得性及响应 |
| | 降低卖方不确定性 | ①市场<br>②对顾客需求的理解<br>③产品规格 |
| | 降低买卖双方不确定性 | ①共同的期望与目标<br>②供应链外部影响<br>③机会主义行为<br>④沟通<br>⑤风险与利益共享 |

续表

| | |
|---|---|
| 节约成本 | ①范围经济效应<br>——订单<br>——生产<br>——运输<br>②行政成本<br>③转移成本<br>④流程与技术的集成<br>⑤增加资产利用率 |
| 快速响应 | ①共同进行产品与流程的开发<br>②迅速进入市场<br>③改进的生命周期 |

20 世纪 90 年代后，联盟合作伙伴关系发生了巨大的变化，从传统关系演变为依赖于技术与管理革新的物流关系，在产品革新技术发展的背景下又发展为合作伙伴关系，信息技术高度发展又带动了联盟合作关系演变为当下的高集成程度、高信息共享程度的网络资源关系。联盟合作关系发展历程，如图 1-6 所示。

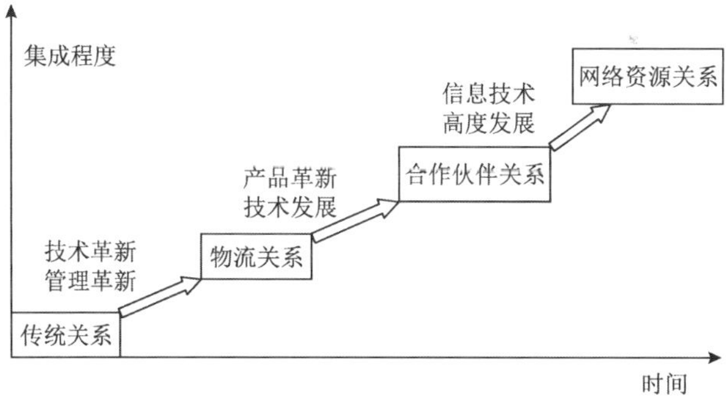


图 1-6 联盟合作关系发展历程

叶飞等（2009）将关系定义为供应链上下游企业间一种信息共享、利益共享、风险共担的长期的、稳定的合作伙伴关系。

廖成林等（2008）在对 242 家企业进行实证分析中表明，在敏捷网络中，网络关系是网络成员间进行信息的分享、风险的分担、同时收获利益的协议关系，这种关系有利于维持供应链的长久、稳固，增强供应链的优势。

张莹（2011）表示合作关系依靠契约、合同等方式进行维系，与人与人之间为了实现同一个目标而相互联系的利益共同分享、风险一起承担的关系相似，合作关系则是不同组织间的合作意愿。

资源依赖理论认为资源互换是企业生存发展的必要条件，因为企业处于一个相互交换的动态环境里。根据资源依赖理论，企业间的依存关系产生于其彼此的资源交换，交换的过程会形成联盟关系。

具有优良质量的联盟关系能够增强企业的创新能力、改善运作过程中服务的质量、推动新产品的开发（Carter and Narasimhan，2010），并且还可以对市场的变化快速的响应，一定程度地减少企业间交易的成本（Maloni and Benton，2000），联盟关系的质量对企业的成长起着关键的作用。

网络中信息共享程度越高的企业获得的收益越大，较高质量的网络关系对企业而言是不可或缺的（Narayandas，1995）。海内外学者目前尚未达成对于"关系质量"的界定的一致意见，本书将网络关系质量视为网络成员企业对长期合作关系下关系强度的全面评价，是用来衡量网络关系好坏的标准。

刘人怀和姚作为（2005）表明关系质量的宗旨是改善关系各方的信任，为与合作伙伴持久、牢固的合作奠定根基。

Lages 和 Lages（2005）强调关系质量是对关系强度的总体评价，将关系质量描述为由几个互相联系但又有明显差异的维度组成的高阶概念。他们的研究提出关系质量反映了进出口公司之间信息共享程度、交流质量、长期关系倾向与满意的程度。

Fynes 等（2005）将网络关系界定为合作伙伴为了建立一个积极、稳定的持久合作关系做出的努力，并将关系划分成了信任、承诺、适应性、合作、依赖性和交流。

### 2. 网络关系的维度

网络关系是一个广义的词项，包含了非常多的实质内容，本书关于网络关系的研究主要集中于网络关系质量方面，通过阅读大量中外文献，笔者梳理出了以下与本书有关的观点（表 1-6），将从信任、合作两个维度着手研究网络关系。合作代表了关系的行为指标，信任是关系的驱动与前提。

**表 1-6 网络关系的维度划分**

| 学者 | 维度 |
| --- | --- |
| Crosby 等（1990） | 信任、满意 |
| Mohr 和 Spekman（1994） | 信任、承诺、交流、合作、参与度 |
| Wilson 和 Jantrania（1994） | 信任、满意、保障、目标相容、专用型投资 |
| Horne 等（2000） | 信任、需求满足、供应链整合、权力、利润 |
| Parsons（1978） | 信任、满意 |
| Woo 和 Ennew（2004） | 合作、适应性、氛围 |
| Geiger 等（2009） | 满意、承诺、沟通、保障 |
| Lages C 和 Lages L F（2005） | 信息共享、交流、长期关系导向、关系满意 |
| Fynes 等（2005） | 承诺、信任、适应性、合作、交流、相互依赖 |
| Rauyruen 和 Miller（2007） | 信任、满意、承诺、服务质量 |
| Su 等（2008） | 交流、合作、氛围、信任、适应性 |
| 宋永涛等（2009） | 交流、信任、合作、适应性、关系氛围 |
| 徐可等（2015） | 沟通、信任、合作、冲突协调、适应性、关系氛围 |

刘晓军（2012）研究了关系情境与供应链成本管理绩效的关系，在研究中将供应链关系划分为交易型、合作型和联盟型。研究表明，关系情境对成本管理绩效存在一定的作用，合适的关系情境才能充分发挥成本管理措施的作用。

宿晓（2007）探讨了供应链关系类型的划分，将其分为市场交易型、批量订制型、合作伙伴型、战略联盟型。

Hennig 等（1997）指出，网络关系质量免不了要考虑缩减交易成本、提高交互有效性、满足需求 3 个要素。

Huntley( 2006 )在研究中指出，关系是一个受社会环境影响的变量。因此，关于关系质量的研究不能仅仅用影响关系的各种行为因素对关系进行衡量，还应该包括交互环境、应变因素，如适应性、关系氛围。

徐可等（2015）认为关系质量包括关系发生的行为活动与互动的交互环境两个方面，是网络成员共同对行为过程的认知感受及对交互环境的依赖程度。

梳理前人对网络关系进行的维度划分可知，信任和合作是目前研究普遍认同的关系测量的核心维度。合作是网络关系的核心，网络的一切结果都通过合作产生，合作是网络伙伴共同承担风险、共同解决问题、共同享受利益、共享掌握信息的过程。信任是合作的基石，是合作意愿产生的基础，是网络关系维系的保健因素。信任的存在能够减少机会主义，削弱不确定性，保障合作的紧密度。

Johnson 等（1996）表明信任是指合作伙伴相信对方对网络所做出的行动都是善意的，是有利于网络发展的，合作伙伴愿意相信彼此会履行承诺与义务，不会投机取巧。

Menberu（2002）将信任定义为一种信心，是指即使会存在风险但是双方依然愿意携手共进、彼此倚靠的信心。

刘南和李燕（2004）觉得信任指供应链成员彼此间对各自扮演的角色、担负的使命及整个链条的规则、纪律都充满了期待与信心。

殷茗和赵嵩正（2006）认为信任是一种主观信心，是企业在信息不对称的情况下给予合作伙伴的期望。

蒋晓荣和田爽（2016）通过在相关行业收集 350 份调查数据对强制性权力、信任与合作绩效间的关系进行了探讨，将信任定义为供应商会自主地在合作活动中采取对双方都有好处的行为，分为诚实信任、仁善信任、才能信任。

企业间的信任表示企业肯定合作伙伴不可能运用其不足之处进行

机会主义行为，合作伙伴是值得信赖的并且会履行承诺，每个企业都会清晰地确定自身在供应链中的使命。信任已经成为企业间交易中一个重要的战略因素，有助于企业间的有效沟通，能够提升网络忠诚度，是维持企业间合作关系的一个关键前提。

Young 和 Wilkinson（1998）认为合作是与有相同目标和兴趣的一方一起进行的所有活动。

Wong 等（2005）认为，适应性是指网络中企业的意愿与能力，当一方企业改变了能力或者产生了新的需求，另一方企业可以突破固有的状态，愿意并且能够满足其需求。企业较强的适应性有利于突发状况的解决，有利于维护更稳定的合作关系。

Lui 等（2006）认为，合作是指企业间进行的协同工作。这种携手共进的模式可以满足整个组织的发展需求，促进达成各方的目标，而信任是实现这种合作模式的前提，只有企业间形成信任关系，才会实现高程度的技术、资源共享，从而提升合作水平，实现共同发展，维系健康的网络关系。

王书玲和李永峰（2016）认为，合作关系是一种网络中各成员在特定时期共享信息、共担风险、共同赢利的协议关系，以保证某个特定的目标和效益的实现。

# 第二章

# 创新网络核心企业领导力的影响因素

## 第一节　核心企业领导力的内涵界定

创新网络中的企业通常都是异质的，它们彼此在角色和作用上往往不能相互取代。其中，有一些企业对其他企业及整个创新网络存在显著的影响，对网络中的技术研究与开发、知识扩散与流通有着不可忽视的作用，既是整个创新网络的信息技术交换中心，也是物流调度中心，而且是创新网络发展的最重要的推动元素，学术界将这些企业称为核心企业。核心企业是创新网络中最为关键的节点企业，通常掌握着大量的资源，管理并维持创新网络的有序进行，极大地影响着网络中各企业行为规范的形成，对于整个网络的发展和创新起着举足轻重的作用。

Pittaway 等（2010）认为，创新网络的成功与核心企业密不可分，核心企业对网络中各成员企业的控制、协调、引导对创新网络的成功非常重要，并且提出核心企业一般是那些能够快速创造、获得新知识的企业。党兴华和张首魁（2005）在研究创新网络的发展演变中发现，一些企业由于资源依赖关系及它们占据的相对较好的网络位置，不知不觉地在各企业之间产生了远高于其他企业的网络权力。这种网络权力的形成进一步帮助它们占据网络中最为核心的位置,勾画创新网络的发展前景，协调组织间关系，控制和调配网络资源，促进网络中的技术研究与开发及知识扩散与流通，成为创新网络实现发展和创新的推动力，而这些企业即为核心企业。Clercq 等（2010）通过对核心企业权力视角方面的研究，认为核心企业诞生的最主要原因在于其掌握具有异质性、稀缺性和价值性的知识资源，也正是由于这个原因，核心企业在网络中对其他成员企业形成了权力，通过运用权力，在与网络中其他企业进行合作时，核心企业能够充分表现出自身意志，对引导和改变合作伙伴企业的行为方式起到了极大作用。Morrison（2008）认为核心企业应该处于供应商与客户网络间的中心位置，引导上游与下游企业的活动行为，与合作企业相互分享经营理念，形成共同的商业理念；促进企业相互之间建立信任关系，形成互惠互利的文化，并能够有效地选择和吸纳优秀伙伴加入网络中；具有更高的企业增长速度和创新能力，能够快速吸收网络内部与外部的各种资源、知识，并分享给网络中其他成员企业。除此之外，它还应该在整个行业中占据一定的市场地位。不管怎样，核心企业能够为战略网络创造价值提供有力的发动力，能够实现长期持续有效的合作创新；同时，核心企业能够根据战略网络的特殊性，制定保障网络有效运转和企业相互关系的规则，拥有持续竞争优势。贾卫峰和党兴华（2010a）认为核心企业是整个网络中拥有较高权力的企业，这种权力能够影响其他成员企业的行为，并使它们对核心企业产生高度依赖，自愿跟随核心企业实现网络整体目标。

综合以上学者观点，笔者发现，核心企业主要被认为是拥有独特的知识资源及具有优良协调能力的企业，为实现网络目标发挥了显著作用。它占据网络中的中央位置，从而拥有为其他网络成员企业所认同并接受的权力，这种权力能够管理其他成员的行为。核心企业以它所处的地位及拥有的权力为基础，充分发挥自身领导作用，指引成员企业相互分享各自的资源和技术，通过整合网络中的资源，实现网络资源的最优化。

谢永平等（2012a）认为，核心企业对网络组织中其他成员企业的管理和控制、协调与引导并不类似于科层组织中上级对下级的命令式领导，而是运用其自身的影响能力，促使创新网络中的成员企业自发跟随，愿意服从核心企业在战略目标上的规划，这种影响能力包括控制力、引领力、协调力等，而这些影响能力也就构成了其在创新网络中的领导力。苏敬勤和林海芬（2013）指出社会网络中核心管理者能够通过决策过程中的三项主要活动（创新意愿、知识获取和风险感知）对网络整体和网络成员产生影响。Zaheer 和 Bell（2005）指出，核心企业一方面能够依据自身占据的核心位置与其他企业建立联系以此获得大量的知识资源，另一方面还能以已建立的合作关系为支撑，帮助其他成员企业彼此之间建立合作和学习的关系。而核心企业所处的核心位置正是各企业相互联系的交叉点，这种地位优势有利于核心企业实现网络中知识、资源的流通及整合，这种能力就是核心企业在网络中的影响力，也可以称之为核心企业领导力（Heimeriks and Duysters，2007；Heimeriks et al.，2012）。Müller-Seitz（2012）将核心企业领导力定义为引导网络创新活动对网络进行协调控制的一个或数个独立组织集体。谢永平等（2012a）则是直接针对核心企业展开研究，认为核心企业通过营造共同目标，以此来获得其他成员企业的认同感，同时对成员企业进行适当、有效的引领和控制，以促进目标结果的完成和网络绩效的提升，并将这种能力界定为核心企业领导力。徐碧琳和李涛（2011）将领导力五力模型从企业中的个人层面扩展至网络层面，从五种不同的能力方面对网络组织核心企业领导力与网络组织效率的关系展开研究，并且强调由于网络组织边界动态开放性的特点，核心企业对其他网络节点企业不具有限制约束的权力，而是以引领与团结的网络中的个体为主，协调并整合网络中企业间的合作关系以形成相互合作、互惠互利的氛围。这种划分方式也是从影响力和控制力方面对领导力来进行区分的，且影响力占据主导地位。

综合以上学者对核心企业领导力的研究，本书将核心企业领导力定义为创新网络中处于网络关键节点的企业，凭借自身资源和技术创新能力获得周边企业认可，对其形成吸引力，自觉或不自觉地将其纳入共同目标实现过程的能力，并将其划分为三个维度，即协调力、影响力和引领力。

其中，协调力是指恰当处理网络成员关系，合理配置网络资源，保证网络内部和谐和凝聚力的复合能力；影响力是指通过企业自身先进性和榜样作用，吸引周边企业主动靠拢，持续提升、改善自己的能力；

引领力是指核心企业在承担网络发展目标确定、战略规划制定与实施等方面，吸引周边企业不断加入共同目标实现过程，形成自发追随效应的能力。

## 第二节　核心企业领导力的影响因素界定

在明确了核心企业领导力内涵的基础上，为进一步分析核心企业领导力的影响因素，本书研究相关文献，对创新网络中核心企业领导力的影响因素给出一个界定。

在核心企业领导力形成的研究文献中，有学者认为核心企业领导力是随着核心企业形成而产生的。邬爱其和贾生华（2003）从产业变迁视角展开研究，指出产业变迁的根本原因之一在于劳动分工和制度安排，而产业的变迁必然要影响企业形成。贾卫峰和党兴华（2010b）认为，学习能力和节点间的耦合度是核心企业形成和核心企业网络协调功能的影响因素。Orsenigo 等（2007）在研究核心企业形成过程中认为，核心企业的快速形成一方面是由于企业内外部存在的知识资源，另一方面则是由于供应商和消费者的作用，他们对创新的强大需求大大推动了核心企业的形成。除此之外，创新网络中供应商、消费者在地理和空间上的分布密集程度以及联系密集程度，也是影响核心企业形成的重要因素。Schreiner 等（2009）认为网络能力由三个维度构成，即协调、沟通与黏结，在相互联系紧密的企业间，其知识的交流更为频繁，而企业间的知识获取与交流必须依赖于网络能力，因此侧重于黏结维度；此时，各企业在实现共同组织目标的过程中，彼此之间相互信任与合作，建立了紧密的联盟关系，也将缔结为更强的黏结关系；当企业希望能够从合作企业中获取自己需要的资源时，形成黏结能力就成为首要目标，否则，企业会因为不稳定的关系而失去获取价值的渠道。在不断加强企业间彼此关系的过程中，其知识交换、互相协作、互相学习将会更加频繁，这也将促进成员企业对核心企业的依赖感，提高核心企业在网络中的领导地位。郝斌和任浩（2011）认为企业间领导力产生的过程可以简单划分为三个时段：首先，核心企业占据网络中的中心位置阶段，在这一阶段主要是完成企业对网络中信息及各企业行为的掌控；其次，加强核心企业在网络中的中心性程度阶段，在这一阶段主要是确保核心企业在网络中的主导地位，并与其他企业相互联系，构成宽广紧密的网络连接；最后，以核心企业的主导地位为基础，获得网络中其他企业的认同阶段，在这一阶段形成核心企业的影响力从而使核心企业成为领导者。他们还认为，由于每个企业拥有的资源不同，其稀缺性和价值性的差异会导致企业地位的不对等，那么就有一些企业处于网络中的领导地位，对其他成员企业形成领导力，这种领导力即为企业间领导力。企业间领导力的形成伴随着核心企业网络位置向网络中心迁移，并最终取得网络认同。Jokisaari（2013）研究了社会网络组织新成员的领导力对网络绩效的影响，其研究表明，新成员的社会网络关系对网络绩效具有高度影响，另外，新成员的领导能力对其个体绩效存在直接影响。Massaro 等（2017）认为网络中成员的互相信任水平和在网络中实施的控制工具能够影响知识领导力的发展。

梳理以上文献研究，笔者发现学者主要从两种视角给出了核心企业领导力的影响因素。一种视角是以资源依赖理论为基础，结合资源和能力的不同，探索核心企业领导力形成的内在影响因素，包括核心企业的知识、能力、规模、权力、声望、领导者特质等方面；另一种视角则是以创新网络的形成和演化过程为依据，研究创新网络中组织间的合作创新活动，依据依赖—控制—影响—引领的形成过程，探索核心企业领导力形成的外在影响因素，包括创新网络的网络结构、网络氛围、网络认同、权力分布、权力距离等方面。因此，本书沿用这种界定，并以该界定为背景依据，对创新网络中核心企业领导力的影响因素做进一步探索分析研究。

# 第三节　核心企业领导力影响因素的实证研究设计

## 一、企业和专家访谈

群体访谈是指在群体内进行集中讨论和访谈，获得有助于提出假设的内容，并对问卷的设计提供有效的指引。本书采用内容分析法（content analysis）对获得的访谈资料进行分析。这种方法可以根据研究目的对访谈内容、符号及整个访谈过程进行系统性的定量和定性描述、分析与推论。

### 1. 访谈对象的选择

根据本书的研究背景和研究内容，通过认真分析陕西省西安市的企业，笔者从中选择了几家具有代表性的企业，并选择这几家企业的相关部门的人员作为访谈对象。通过与企业员工进行深度访谈，并根据受访者的话题和兴趣进行深入提问，以便能够收集不同访谈者独具特色的观点和看法。

由于本书的研究对象是创新网络中的核心企业，研究内容是核心企业领导力的影响因素，因此本书在做了简单调查研究之后，选取了西安市高新技术开发区（简称高新区）的高新技术行业的三家企业，将这三家企业的中高层管理人员及技术研发人员作为访谈对象。访谈企业及访谈对象的基本情况如表 2-1、表 2-2 所示。

**表 2-1　访谈企业的基本情况**

| 项目 | A 企业 | B 企业 | C 企业 |
|---|---|---|---|
| 企业性质 | 私营企业 | 国有企业 | 中外合资 |
| 企业成立年份 | 1987 年 | 1985 年 | 2012 年 |

续表

| 项目 | A 企业 | B 企业 | C 企业 |
|---|---|---|---|
| 访谈企业员工人数/人 | 100 有余 | 32 | 23 |
| 参与访谈人数/人 | 15 | 10 | 10 |

**表 2-2　访谈对象的基本情况**

| 基本情况 | | 频数 | 频率/% |
|---|---|---|---|
| 性别 | 男 | 24 | 68.6 |
| | 女 | 11 | 31.4 |
| 年龄 | 30 岁以下 | 5 | 14.3 |
| | 31～40 岁 | 16 | 45.7 |
| | 41～50 岁 | 10 | 28.6 |
| | 51 岁以上 | 4 | 11.4 |
| 学历 | 硕士及以上 | 10 | 28.6 |
| | 本科 | 17 | 48.6 |
| | 大专及以下 | 8 | 22.8 |

### 2. 访谈方式与内容

本书采用的深入访谈法主要是与受访者进行面对面沟通和采访，以此来获得受访者对创新网络中核心企业领导力影响因素的观点和看法。

访谈内容包括：

（1）哪些因素能够影响到本企业在创新网络中的核心地位的形成？

（2）哪些因素能够影响到本企业在创新网络中的合作与创新？

（3）哪些因素能够影响到本企业在创新网络中的影响作用？

本书访谈的目的是获得创新网络中核心企业领导力的影响因素，基于此，访谈中问题的顺序随着讨论的进行而适当调整。同时，为了使受访者能够更为清晰地了解访谈内容和目的，本书为受访者做了详细的说明，并根据受访者对问题的回答进一步追问，以求获得更为详细、清晰的资料。

### 3. 访谈结果分析

根据企业和专家访谈的资料，本书根据内容分析法进行了整理，其整理步骤如下。

首先，语句记录。将受访者的访谈发言进行梳理分析，提炼出访谈中的关键语句，然后将所有语句全部转录到卡片上。这些语句共有 247 条，虽然其中有很多重复的语句，但是一个语句出现的频率越高，恰恰说明该语句就越具有代表性。

其次，语句筛选。主要以两个标准为依据：第一，语句的含义必须明确清晰；第二，语句必须能够确切地表达出对创新网络中核心企业领导力的影响作用。根据这两个标准，247 条语句中共有 32 条语句不符合标准，删除后剩下 215 条语句。

最后，语句初步归类。按照编码系统将相同或类似的资料进行合并，并以一定的概念命名。经过反复推敲斟酌，所有 215 条语句最终整合成 25 项（表 2-3）。

**表 2-3　创新网络中核心企业领导力的影响因素类属清单**

| 编号 | 内容 |
|---|---|
| V1 | 我们企业拥有大量的技术专利 |
| V2 | 我们企业拥有大量的技术人员 |
| V3 | 我们企业所拥有的知识是非常稀有的 |
| V4 | 我们企业的核心技术很难被其他企业模仿 |
| V5 | 我们企业重视对技术人员的培养 |
| V6 | 我们企业对科研给予了充足的经济支持 |
| V7 | 在网络中，我们企业经常主动与其他企业发展合作 |
| V8 | 在网络中，我们企业能够与其他企业建立良好合作关系 |
| V9 | 我们企业的员工经常与合作企业的员工私下交流 |

续表

| 编号 | 内容 |
|---|---|
| V10 | 在网络中，我们企业能够对合作企业实施影响 |
| V11 | 在网络中，我们企业经常为合作企业着想 |
| V12 | 对于合作中的分歧，我们企业能够很好地做到让双方满意 |
| V13 | 我们企业了解网络中的资源并善于组合资源 |
| V14 | 在网络中，我们企业拥有很多的合作企业 |
| V15 | 我们企业的合作企业大多是不同行业的 |
| V16 | 在网络中，我们企业与合作企业的交往更为频繁 |
| V17 | 在网络中，我们企业与政府机构有频繁交往 |
| V18 | 在网络中，我们企业与科研机构有频繁交往 |
| V19 | 在网络中，我们企业与金融机构有频繁交往 |
| V20 | 我们企业的领导者对于不同的见解给予了充分理解 |
| V21 | 我们企业的领导者能够井然有序地安排工作 |
| V22 | 我们企业的领导者经常与他人沟通 |
| V23 | 我们企业的领导者经常同员工乐观地讨论未来 |
| V24 | 我们企业的领导者具有前瞻性，经常考虑企业未来可能遇到的风险 |
| V25 | 我们企业的领导者能够果断地做出有利于企业发展的决定 |

## 二、问卷设计

判断实证研究结果是否具有可参考性的最重要标准是实证研究中变量的度量是否合理。因此，在做实证研究时，必须科学地设计变量度量标准，确保最终获得数据能够真实反映变量所要表达的内容。本书在进行变量的度量设计时，遵循了以下几条原则。

（1）系统性原则。所有的企业都是有机系统，企业内部的每个部分或部分之间都是相互联系、相互影响的，因此在研究企业特点时，必须全面考量企业的各个部分，避免因缺少某一方面的考虑而最终影响因素体系的完整性。

（2）重要性原则。在网络中影响核心企业及领导力的因素有很多，但并不表示在研究中要将所有的因素进行考量，大量的因素中不乏有一些并不重要的因素，这些因素会扰乱变量测量。因此，在研究中需要对所有相关因素进行重要性选取，选择那些对创新网络中核心企业领导力具有重要影响的因素进行测量。

（3）可测性原则。本书是为了给企业设计出具有可行性的量表问卷，因此问卷的指标必须在企业实际运转中具有可测性。

（4）适用性原则。本书以前人研究已获得的测量指标作为参考，并充分结合创新网络的特点，设计具有实际适用性的变量测量指标，从而适用于企业实际情况。

基于以上四条原则，并以本书研究背景为参考，通过以下三步进行变量的测量设计：首先，通过文献查找前人研究中得到的有效测量指标；其次，如果在前人研究中并不存在有效测量指标，则通过文献中的理论研究对相关因素进行分析和理论梳理，以此总结出因素最重要的特点，并将这些特点作为因素的测量标准；最后，对源于西方文献中的测量指标，结合研究背景及中国情境，做出了适当调整与修改。

结合上文相关文献分析，以及企业与专家访谈获得的资料整理结果，笔者对创新网络中核心企业领导力的影响因素变量的测量设计出 25 个具体的题项，获得了测量的初始量表，如表 2-4 所示。

**表 2-4　创新网络中核心企业领导力影响因素的测量初始量表**

| 题项 | 内容 |
|---|---|
| V1 | 企业拥有大量的技术专利 |
| V2 | 企业拥有大量的技术人员 |
| V3 | 企业所拥有的知识是非常稀有的 |
| V4 | 企业的核心技术很难被其他企业模仿 |

续表

| 题项 | 内容 |
| --- | --- |
| V5 | 企业重视对高新技术人员的培养 |
| V6 | 企业有充足稳定的科研经费 |
| V7 | 企业主动与创新企业发展合作关系 |
| V8 | 企业能够与合作企业建立良好合作关系 |
| V9 | 企业员工与合作企业的员工私下有交流 |
| V10 | 企业能够对合作者实施广泛影响 |
| V11 | 企业能够为合作者着想 |
| V12 | 企业能够处理分歧，以达到让双方满意 |
| V13 | 企业善于组合网络中的资源 |
| V14 | 企业有很多合作企业 |
| V15 | 企业的合作企业大多处于不同行业 |
| V16 | 企业与合作企业的交往频繁 |
| V17 | 企业与政府机构的交往频繁 |
| V18 | 企业与科研机构的交往频繁 |
| V19 | 企业与金融机构的交往频繁 |
| V20 | 企业领导者能够接受不同的见解 |
| V21 | 企业领导者能够井然有序地安排各种工作 |
| V22 | 企业领导者能够积极与他人沟通 |
| V23 | 企业领导者会同员工乐观地讨论未来 |
| V24 | 企业领导者能够考虑未来企业可能遇到的风险 |
| V25 | 企业领导者能够果断、有效地做出有利于企业发展的决定 |

根据核心企业领导力影响因素的分析结果，本书首先设计了一份初步的调查问卷，采用利克特五级量表，按照各因素对核心企业领导力影响的重要程度排序，依次为：5——非常重要，4——比较重要，3——一般，2——比较不重要，1——非常不重要。

## 三、预调研结果分析

预调研的目的一是检查调查问卷是否充分包含了所有能够表现变量的问题，从而保障调查问卷的全面性；二是发现问卷在文字上的表述不清问题，保障调查者能够准确地理解问题，从而获得较为准确的数据结果。本书预调研的对象选择为西安电子科技大学工商管理硕士（MBA）学员，他们都是企业中高层的代表，与本书研究对象具有相关性。采用现场发放问卷的方式，一方面能确保有效问卷及时回收，另一方面在调查者对问卷有疑惑时，可以及时解答，从而获得更能表达调查者真实意愿的问卷。笔者共发放了 40 份问卷，删除无效问卷后最终获得 38 份有效问卷。

本书运用 SPSS 22.0 对回收的 38 份有效问卷进行分析，包括信度检验和效度检验。

### 1. 信度检验

所谓信度（$R$）就是指通过测验获得的数据中，真实值的方差 $Var(T)$ 与测量值的方差 $Var(X)$ 之比，其公式如下：

$$R=\frac{Var(T)}{Var(X)}=1-\frac{Var(E)}{Var(X)}$$

理论上，只要尽可能地减少随机误差 $E$ 的影响，就会提高测量的可信度。而在实际的测量中，还有一些因素会影响到测量信度。

（1）问卷调查者。这是指调查者在填写问卷的过程中是否真实且认真地完成了问卷，是否在填写过程中受到外界不相关因素的影响等。这种影响存在不可避免性，而问卷设计者只能通过在问卷设计中添加必要的人性化设计来减少这种因素的影响，或者在后期问卷筛选中进行进一步处理。

（2）调研时间。通常情况下，问卷调查的时间周期越长，其包含的问题项目越多样、详细且复杂，问题的难度越高，最终获得的问卷信度就越低。可以通过设计出相对较为简洁但又能充分体现研究内容的问卷来减少这种因素的影响。

（3）测量工具。测量工具是指问卷量表设计的合理性与科学性，其问题语言表达的清晰程度和逻辑性，以及各问题之间的相互关联程度，都会影响最终获得结果的可靠性。

考虑到这几个影响问卷信度的因素，本书在问卷设计过程中特别注意了问卷设计的合理性与科学性、简洁性与严谨性，确保问卷获得较高的信度。

在实证问卷调查中，测量信度的方法主要有以下五种。

（1）重测信度（test-retest reliability），即采取同一群调查者和同一份问卷，在不同的时间点对这些调查者进行两次问卷调查，这样就获得了两份相同调查对象对同一问题的回答，通过对两份回答获得的数据做相关分析，获得两次得分的相关系数。

（2）复本信度（parallel-forms reliability），也称为等值性系数，这是对同一群调查者，采取两份在内容上具有等价性，但其题目又存在差异的问卷进行两次调查，通过分析最终获得的两份答案的相关性。

（3）折半信度（split-half reliability）或称分半信度，是指按照问卷中的问卷题目将获得的问卷结果分成两部分，通过分析这两部分问卷数据之间的相关性得到折半信度。这是在实证研究中最常用，也是最简单的估计信度的方法。而 Cronbach's $\alpha$ 系数则是评估信度指标最常用的系数指标，用来检验问卷中题项的相关程度。Cronbach's $\alpha$ 系数取值范围为 0～1，其值越大，表示其问卷的信度越高，即问卷中题项的内部一致性越高。Guilford（1931）认为，若 Cronbach's $\alpha$ 系数<0.35 为低信度，0.35≤Cronbach's $\alpha$ 系数<0.7 则尚可，若 Cronbach's $\alpha$ 系数≥0.7 为高信度。Nunnally（1978）认为，在实际应用中 Cronbach's $\alpha$ 系数至少要大于 0.7。

（4）库李信度（Kuder-Richardson reliability），采用的问卷是以对问卷中题目回答正确与否为基本形式，通过回答正确的累计分数来进行测量。

（5）评分者信度（scorer reliability），是指通过两个或两个以上相互独立的评分者对同一份问卷结果进行评定。通过计算不同评分者的评分分数的相关系数，而采用不同的相关系数计算方法，可以获得斯皮尔曼等级相关（Spearman rank correlation）和肯德尔一致性系数（Kendall's coefficient of concordance）等。

2. 效度检验

效度是对问卷有效性程度的测量。根据研究目的不同，效度有多种检验方法。本书将对创新网络中核心企业领导力影响因素问卷的表面效度（face validity）、内容效度（content validity）和构念效度（construct validity）进行检验。

（1）表面效度，是指研究者从表面上判断问卷题目与测量目的相一致的程度，因此是完全凭借研究者的常识和主观意识进行评估的。

（2）内容效度，也称为逻辑效度，是指问卷中的问题对所要研究内容的覆盖程度。要想具有较高的内容效度，就必须要有一个被完善定义的内容范围，同时，测量对象必须是内容范围中具有代表性的样本。所以，在设计问卷时，首先要对研究的变量进行详细且清晰的定义，对问题的设计也要能够明确地表现出样本的代表性。为了获得较高内容效度的问卷，本书参考大量相关文献，对现代企业的实际运行进行详细调研，并通过与企业中的一线员工进行深入访谈，获得了能够充分反映创新网络中核心企业领导力的条目，得到了初始量表，进而形成了问卷。同时，通过预调研，对问卷进行了进一步的修改与完善，使问卷的内容效度能够达到要求。

（3）构念效度，也称结构效度，是指测量的结果能够解释理论构想的程度。其检验方法有因子分析法（factor analysis）、聚合效度（convergent validity）检验法和区分效度（discriminate validity）检验法。

本书对问卷的信度检验采用 Cronbach's $\alpha$ 系数检验。Cronbach's $\alpha$ 系数值标准为当 Cronbach's $\alpha$ 系数>0.7 时，表示量表较好，可以接受。而本书问卷量表的Cronbach's $\alpha$ 系数为0.945，因此问卷的信度相对较高。在效度检验中，首先采用 KMO（Kaiser-Meyer-Olkin）样本测度法和Bartlett's球形检验法。KMO值越接近于1，意味着变量间的相关性越强，原有变量越适合作因子分析，本书的 KMO 值等于 0.739。另外，本书问卷量表的 Bartlett 值为 625.394、$p<0.001$，这些数值的验证结果均较好。在进一步的因子分析中，如果获得的因子载荷大于 0.4，则说明问卷具有较高的效度，而通过因子分析获得的本书问卷量表各题项的因子载荷均在 0.4 以上，可以认为问卷的结构效度也达到了标准。通过预调研数据的分析，本书设计的问卷在信度检验和效度检验上都得到了充分的验证，据此得到了本书的正式问卷，并可以进行大范围的发放。

## 四、数据收集与数据分析

### 1. 数据收集

本书在预调研后获得了正式问卷，将大规模问卷发放的主要对象设定为西安市高新区的企业，而网络问卷发放则涵盖了全国多个地区的企业，样本选取与本书研究相关的企业如中兴通讯股份有限公司、华为技术有限公司、三星（中国）半导体有限公司等，从中选择从事技术研发等相关工作的中高层管理人员、项目经理、技术人员等进行问卷调查。

在因子分析中，样本容量是依据相应观测变量的多少来确定的，一般认为，每个观测变量至少需要 10 名被试（Comrey and Lee，1992）。

Maccallum 等（2001）在探讨样本量选取时认为，样本容量大小与观测变量公共方差之间有一定的关系。他们认为，若观测变量的公共方差大于 0.60，那么样本量即使很少（60 个），其因子载荷的大小也是较一致的；若公方差的数值在 0.50 左右，则样本量应在 100～200 个。本书通过网络（E-mail、QQ、微信、问卷星）及实地等方式共发放 300 份问卷，收回 261 份，经过删选剔除后得到有效问卷 224 份，回收问卷有效率为 85.82%，达到因子分析所需的样本量。将回收的有效问卷随机分为两组，每组分别为 112 份，分别用于探索性因子分析（exploratory factor analysis, EFA）和验证性因子分析（confirmatory factor analysis, CFA）。问卷调查对象的基本情况如表 2-5 所示。

**表 2-5　调查对象基本情况**

| 基本情况 | | 有效问卷/份 | 所占比例/% |
|---|---|---|---|
| 性别 | 女 | 105 | 46.88 |
| | 男 | 119 | 53.12 |
| 年龄 | 20～29 岁 | 64 | 28.57 |
| | 30～39 岁 | 120 | 53.57 |
| | 40～49 岁 | 23 | 10.27 |
| | 50 岁以上 | 17 | 7.59 |
| 学历 | 硕士及以上 | 64 | 28.57 |
| | 本科 | 92 | 41.07 |
| | 大专 | 61 | 27.23 |
| | 高中/中专及以下 | 7 | 3.13 |
| 职务 | 高层管理者 | 8 | 3.57 |
| | 中层管理者 | 28 | 12.50 |
| | 技术人员 | 96 | 42.86 |
| | 一般员工 | 80 | 35.71 |
| | 其他 | 12 | 5.36 |

### 2. 数据分析

在得到核心企业领导力的影响因素后，由于因素较多，不利于进一步深入研究，于是本书采用因子分析的方法，通过分析各题项的相关系数矩阵内部结构，以获得的相关系数的大小，并对原始题项进行各自分类，将相关程度大的变量归为一组，得到的几组变量中，每一组代表一个基础结构，作为一个公共因子。其中因子分析的方法包括EFA和CFA。

1）EFA

EFA分析模型的一般表达式为

$$X_j = a_{j1}\mathrm{F}_1 + a_{j2}\mathrm{F}_2 + \cdots + a_{jm}\mathrm{F}_m + e_j$$

其中，$X_j$为观测变量，表示第$j$个题项的标准化分数，$\mathrm{F}_m$表示因子分析中的第$m$个公因子（common factor），它们是观测变量分组之后，每一组的公共因子；$a_{jm}$表示因子载荷（factor loading），代表了每个变量在各公因子上的载荷，等效于多元回归分析中获得的回归系数；而$e_j$则表示随机误差。EFA的分析过程实际上就是求得$\mathrm{F}_1$，$\mathrm{F}_2$，…，$\mathrm{F}_m$这$m$个公因子，从而以这$m$个公因子构建一个能够最完善地表达所有变量的因子结构。

2）CFA

CFA是在EFA获得结果的前提下，依据已知存在的几个公共因子及各观测变量与各因子之间的关系，结合相关理论，并根据探索性因子分析结果，构建一个含有隐变量的因子模型，采用不同于探索性因子分析的另外一组实际数据拟合已构建的因子模型，进而对其进行检验，明确实际测量是否与最初研究目的一致，对构建的公因子模型进行验证，同时测量潜变量的因子载荷。

CFA分析模型的测量方程一般为

$$X_m = \lambda_{mp} + \xi_p + \delta_m$$

这是 CFA 的最简单的数学表达式，它表示各观测变量只在唯一一个因子（潜变量）上载荷不为零，仅仅反映了因子与题项间的关系。上式中，$X_m$ 表示观测变量；$\lambda_{mp}$ 表示待估计的因子载荷矩阵；$\xi_p$ 表示潜在公因子；$\delta_m$ 表示随机测量误差。CFA 用于判定 EFA 所得出的因子分析模型的优劣程度。

## 第四节　核心企业领导力影响因素的实证研究分析

### 一、核心企业领导力影响因素探索性因子分析

EFA 对未知因子结构模型进行分析，在分析过程中需要研究者提取因子、选取问卷中的问题，以及对获得的因子进行概念命名，而这些步骤在很大程度上取决于研究者的个人主观经验，随之而来的误差也会相对增加。因此，用作分析的数据必须具有较高质量。本书以创新网络为研究背景，探讨网络中核心企业领导力的影响因素，也属于对未知的因子结构分析，因此采用 EFA 数据分析方法是最为适宜的。

#### 1. 重要度分析

在进行 EFA 之前，本书先对回收的数据进行统计，计算其每一个题项的重要度，其分析结果如表 2-6 所示。问卷中的 25 个题项重要度的均值为 3.75～4.57，因此可以认为问卷中的这 25 个题项都是较为重要的，能够反映出研究目的，无须再对题项进行筛选。

表 2-6　问卷各题项重要度均值

| 题项 | 均值 | 题项 | 均值 | 题项 | 均值 |
|---|---|---|---|---|---|
| V1 | 4.30 | V10 | 4.05 | V19 | 3.79 |
| V2 | 4.27 | V11 | 3.93 | V20 | 4.11 |
| V3 | 4.18 | V12 | 4.09 | V21 | 4.50 |
| V4 | 4.55 | V13 | 4.20 | V22 | 4.00 |
| V5 | 4.32 | V14 | 4.43 | V23 | 4.00 |
| V6 | 4.20 | V15 | 3.93 | V24 | 4.37 |
| V7 | 4.29 | V16 | 4.14 | V25 | 4.57 |
| V8 | 4.39 | V17 | 3.75 | | |
| V9 | 3.82 | V18 | 4.48 | | |

### 2. 取样适当性检验

本书采用KMO样本测度法和Bartlett's球形检验法对回收的数据进行验证，通过验证得到的相关数值来判断是否可以进行下一步的因子分析。其中KMO值反映的是样本容量是否充足，其值范围为0～1，当KMO值大于0.5时表示数据适合做因子分析；而Bartlett's球形检验法用于检验相关矩阵是否为单位矩阵，如果经Bartlett's球形检验法得出数据的相关矩阵为单位矩阵，那么就表示每个指标都只是自相关，而与自身之外的其他指标均不存在相关关系，因此不能从这些指标中提取出主成分。本书的KMO样本测度法和Bartlett's球形检验法的结果如表2-7所示，从表2-7中数据可以看到，KMO值为0.718，说明回收的数据达到进行因子分析的标准；Bartlett's球形检验的近似$\chi^2$为466.864，Sig为0.000，说明样本数据不是均匀的球形分布。因此，样本数据的相关矩阵不是单位矩阵，可以从中提取主成分。

表 2-7　问卷数据的 KMO 值和 Bartlett's 球形检验

| | | |
|---|---|---|
| KMO 值 | | 0.718 |
| Bartlett's 球形检验 | 近似 $\chi^2$ | 466.864 |
| | *df* | 300 |
| | Sig | 0.000 |

### 3. 因子结构提取

数据分析中进行因子提取最常用的方法是以主成分抽取法提取公因子，按照 Kaiser 标准，选取特征值大于 1.0 的共同因素，再以最大方差法进行正交旋转处理，经过这几步得到了旋转后的因子载荷矩阵，保留共同度（累计贡献率）大于 0.6 及因子载荷大于 0.4 的题项。主成分提取结果如表 2-8 所示。

**表 2-8　主成分分析提取结果（*N*=112）**

| 成分 | 初始特征值 | | | 提取平方和载入 | | | 旋转平方和载入 | | |
|---|---|---|---|---|---|---|---|---|---|
| | 合计 | 方差/% | 累计/% | 合计 | 方差/% | 累计/% | 合计 | 方差/% | 累计/% |
| $F_1$ | 7.435 | 29.859 | 29.859 | 7.435 | 29.859 | 29.859 | 4.051 | 16.204 | 16.204 |
| $F_2$ | 2.887 | 11.594 | 41.453 | 2.887 | 11.594 | 41.453 | 3.934 | 15.736 | 31.940 |
| $F_3$ | 2.674 | 10.739 | 52.192 | 2.674 | 10.739 | 52.192 | 3.672 | 14.688 | 46.628 |
| $F_4$ | 1.960 | 7.871 | 60.063 | 1.960 | 7.871 | 60.063 | 3.359 | 13.435 | 60.063 |

注：提取方法为主成分分析法

从表 2-8 中数据可知，这 25 个观测变量一共提取到了 4 个主因素，它们的累计贡献率为 60.063%。再利用最大方差法做正交旋转，得到表 2-9，通过获得的因子载荷矩阵对题项进行筛选。

**表 2-9　旋转后的因子载荷矩阵（*N*=112）**

| 题项 | 成分 | | | |
|---|---|---|---|---|
| | $F_1$ | $F_2$ | $F_3$ | $F_4$ |
| V1 | 0.760 | | | |
| V2 | 0.520 | | | |
| V3 | 0.698 | | | |
| V4 | 0.779 | | | |
| V5 | 0.532 | | | |
| V6 | 0.685 | | | |

续表

| 题项 | 成分 | | | |
|---|---|---|---|---|
| | $F_1$ | $F_2$ | $F_3$ | $F_4$ |
| V7 | | 0.702 | | |
| V8 | | 0.304 | | |
| V9 | | 0.667 | | |
| V10 | | 0.757 | | |
| V11 | | 0.664 | | |
| V12 | | 0.368 | | |
| V13 | | 0.799 | | |
| V14 | | | 0.793 | |
| V15 | | | 0.699 | |
| V16 | | | 0.708 | |
| V17 | | | 0.675 | |
| V18 | | | 0.749 | |
| V19 | | | 0.808 | |
| V20 | | | | 0.717 |
| V21 | | | | 0.564 |
| V22 | | | | 0.387 |
| V23 | | | | 0.802 |
| V24 | | | | 0.731 |
| V25 | | | | 0.592 |

在旋转后的因子载荷矩阵中，V8、V12、V22 的因子载荷都在 0.4 以下，因此将 V8、V12、V22 题项剔除。剔除之后，本书对保留的题项进行第二次主成分提取，共提取 4 个主因素，如表 2-10 所示。它们的方差贡献率分别为 23.787%、20.605%、16.226%、12.267%，累计贡献率为 72.885%。然后再采用最大方差法进行正交旋转，获得第二次旋转后的因子载荷矩阵，其结果如表 2-11 所示。从表 2-11 中数据可以看到，各题项的因子载荷均在 0.5 以上。

**表 2-10　主成分分析提取结果（$N$=112）**

| 成分 | 初始特征值 | | | 提取平方和载入 | | | 旋转平方和载入 | | |
|---|---|---|---|---|---|---|---|---|---|
| | 合计 | 方差/% | 累计/% | 合计 | 方差/% | 累计/% | 合计 | 方差/% | 累计/% |
| $F_1$ | 7.231 | 28.924 | 28.924 | 7.231 | 28.924 | 28.924 | 5.923 | 23.787 | 23.787 |
| $F_2$ | 5.022 | 20.088 | 49.012 | 5.022 | 20.088 | 49.012 | 5.131 | 20.605 | 44.392 |
| $F_3$ | 3.193 | 12.772 | 61.784 | 3.193 | 12.772 | 61.784 | 4.040 | 16.226 | 60.618 |
| $F_4$ | 2.775 | 11.101 | 72.885 | 2.775 | 11.101 | 72.885 | 3.054 | 12.267 | 72.885 |

注：提取方法为主成分分析法

**表 2-11　第二次旋转后的因子载荷矩阵（$N$=112）**

| 题项 | 成分 | | | |
|---|---|---|---|---|
| | $F_1$ | $F_2$ | $F_3$ | $F_4$ |
| V1 | 0.781 | | | |
| V2 | 0.621 | | | |
| V3 | 0.604 | | | |
| V4 | 0.732 | | | |
| V5 | 0.527 | | | |
| V6 | 0.743 | | | |
| V7 | | 0.806 | | |
| V9 | | 0.633 | | |
| V10 | | 0.659 | | |
| V11 | | 0.604 | | |
| V13 | | 0.725 | | |
| V14 | | | 0.833 | |
| V15 | | | 0.656 | |
| V16 | | | 0.642 | |
| V17 | | | 0.622 | |
| V18 | | | 0.754 | |
| V19 | | | 0.821 | |
| V20 | | | | 0.683 |
| V21 | | | | 0.521 |

续表

| 题项 | 成分 | | | |
|---|---|---|---|---|
| | $F_1$ | $F_2$ | $F_3$ | $F_4$ |
| V23 | | | | 0.824 |
| V24 | | | | 0.753 |
| V25 | | | | 0.604 |

在 EFA 之后，题项由原来的 25 个缩减到 22 个，并从这 22 个因子中提取了 4 个公因子，且这 4 个公因子的累计贡献率为 72.885%，说明这 4 个公因子能够解释观测变量的大部分结构。由此得到 4 个影响创新网络中核心企业领导力的关键因素。

### 4. 因子命名

通过上述的数据处理和分析，本书得到了 4 个影响创新网络中核心企业领导力的公共因子，从表 2-11 的因子载荷分布情况，并结合理论分析，本书对这 4 个公因子进行说明分析，并对其命名，便于后期的深入分析。

因子 $F_1$ 主要由企业拥有大量的技术专利（V1）、企业拥有大量的技术人员（V2）、企业所拥有的知识是非常稀有的（V3）、企业的核心技术很难被其他企业模仿（V4）、企业重视对高新技术人员的培养（V5）、企业有充足稳定的科研经费（V6）这 6 个题项构成。这些题项主要体现了企业内部所具有的知识、人才、技术，以及企业不断追求知识技术的创新，是企业知识储备与知识创新的表现，因此可将其命名为“知识资源”。

因子 $F_2$ 主要由企业主动与创新企业发展合作关系（V7）、企业员工与合作企业的员工私下有交流（V9）、企业能够对合作者实施广泛影响（V10）、企业能够为合作者着想（V11）、企业善于组合网络中的资源

（V13）这 5 个题项构成。这些题项主要体现了企业与其他企业建立关系，构建创新网络，并对网络关系进行管理协调，是企业构建并管理网络的描述，因此可将其命名为“网络能力”。

因子 $F_3$ 主要由企业有很多合作企业（V14）、企业的合作企业大多处于不同行业（V15）、企业与合作企业的交往频繁（V16）、企业与政府机构的交往频繁（V17）、企业与科研机构的交往频繁（V18）、企业与金融机构的交往频繁（V19）这 6 个题项构成。这些题项体现了企业所在的创新网络中的成员情况，以及企业与成员企业间联系的紧密程度，是对创新网络规模及强度的描述，因此可将其命名为“网络结构”。

因子 $F_4$ 主要由企业领导者能够接受不同的见解（V20）；企业领导者能够井然有序地安排各种工作（V21）；企业领导者会同员工乐观地讨论未来（V23）；企业领导者能够考虑未来企业可能遇到的风险（V24）；企业领导者能够果断、有效地做出有利于企业发展的决定（V25）这 5 个题项构成。这些题项体现了企业领导者的内在特征和外在能力，因此可将其命名为“领导者特质”。

综上，本书通过 EFA 数据分析方法，将影响创新网络中核心企业领导力的主要因素归纳为 4 个主要方面，即知识资源、网络能力、网络结构、领导者特质，其量表内容如表 2-12 所示。

**表 2-12 创新网络中核心企业领导力的影响因素的最终量表**

| 因子 | 题项 | 内容 |
|---|---|---|
| 知识资源（$F_1$） | V1 | 企业拥有大量的技术专利 |
| | V2 | 企业拥有大量的技术人员 |
| | V3 | 企业所拥有的知识是非常稀有的 |
| | V4 | 企业的核心技术很难被其他企业模仿 |
| | V5 | 企业重视对高新技术人员的培养 |
| | V6 | 企业有充足稳定的科研经费 |

续表

| 因子 | 题项 | 内容 |
| --- | --- | --- |
| 网络能力（$F_2$） | V7 | 企业主动与创新企业发展合作关系 |
| | V9 | 企业员工与合作企业的员工私下有交流 |
| | V10 | 企业能够对合作者实施广泛影响 |
| | V11 | 企业能够为合作者着想 |
| | V13 | 企业善于组合网络中的资源 |
| 网络结构（$F_3$） | V14 | 企业有很多合作企业 |
| | V15 | 企业的合作企业大多处于不同行业 |
| | V16 | 企业与合作企业的交往频繁 |
| | V17 | 企业与政府机构的交往频繁 |
| | V18 | 企业与科研机构的交往频繁 |
| | V19 | 企业与金融机构的交往频繁 |
| 领导者特质（$F_4$） | V20 | 企业领导者能够接受不同的见解 |
| | V21 | 企业领导者能够井然有序地安排各种工作 |
| | V23 | 企业领导者会同员工乐观地讨论未来 |
| | V24 | 企业领导者能够考虑未来企业可能遇到的风险 |
| | V25 | 企业领导者能够果断、有效地做出有利于企业发展的决定 |

### 5. 创新网络核心企业领导力的影响因素模型

根据总结相关文献理论研究，并结合创新网络的形成、核心企业的诞生，以及它们本身具备的特点，本书通过企业与专家访谈，获得了大量影响创新网络中核心企业领导力的关键语句，对这些语句进行分析、筛选、归纳，最终总结出了25个题项构成预调研问卷，经过预调研的回收数据，对问卷的信度和效度进行了验证，从而形成正式问卷并进行大规模发放。在本节中，本书通过EFA数据分析方法删除了25个题项中的3个，保留了其中22个题项，并按照主成分提取的结果将22个因子归纳、概括、命名为4个因子。因此，本书认为，创新网络中核心企业领导力的影响因素模型为四因子模型，即知识资源、网络能力、网络结构与领导者特质。其模型图如图2-1所示。

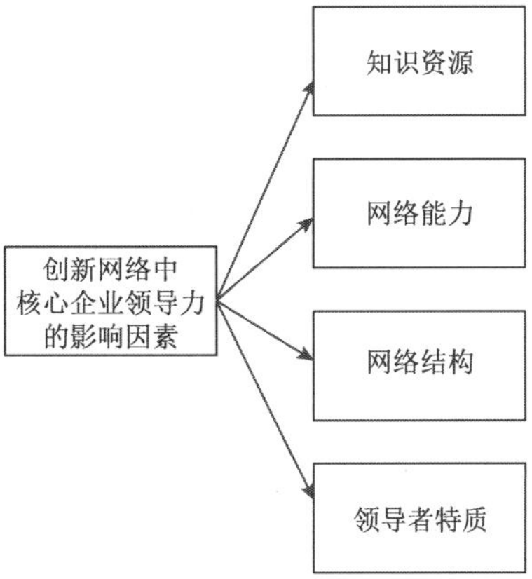


图 2-1　创新网络中核心企业领导力的影响因素模型

## 二、核心企业领导力影响因素验证性因子分析

为了进一步检验模型，本书运用 LISREL 8.54 分析软件，选取与探索性因子分析不同的样本数据（$N$=112），采用 CFA 数据分析方法对模型进行拟合与验证。

### 1. 拟合指数选取

CFA 是对已经获得的数据和概念模型进行拟合程度的检验，即将指标变量的样本协方差矩阵 $S$（sample covariance matrix）输进去，根据研究者指定的模型，输出一个最佳的衍生矩阵 $\Sigma$（reproduced/fitted covariance martix）。如果 $\Sigma$ 与 $S$ 相近，则表示通过 EFA 构建的模型成立，如果 $\Sigma$ 与 $S$ 存在较大差异，则表示通过 EFA 构建的模型不符合数据。CFA 主要是通过一些拟合指数来衡量结构方程模型（structural equation modeling）与数据的拟合程度。常用的拟合指数有拟合优度卡方值（$\chi^2$ goodness-of-fit test）、近似误差均方根（root mean square error of approximation，RMSEA）、残差均方根（root mean square residual，RMSR）、拟合优度指数（goodness-of-fit index，GFI）、非规范拟合指数（non-normed fit index，NNFI）、比较拟合指数（comparative fit index，CFI）。

近似 $\chi^2$ 在众多指数中最常用，但对样本规模有要求，同时与自由度 $df$（degree of freedom）有紧密关系，因此一般采用 $\chi^2/df$ 推断模型的拟合程度。Hu 和 Bentler（1999）推荐了 RMSEA、RMR、GFI、AGFI、NFI、IFI 和 CFI 等七个拟合指数。温忠麟等（2004）通过模拟实验，认为 NNFI、CFI、Mc 和 RMSEA 四个指数能够很好地反映出模型的拟合程度。王长义等（2010）对 SEM 常用的一些拟合指数的特征进行了分析，并做出了系统的归纳总结，认为指数 NNFI 和 RMSEA 对模型的拟合程度具有相对较高的可靠性，而 CFI、RNI 和 Mc 也具有一定的参考性。

本书经过研究比较，最终选取 $\chi^2/df$ 、RMSEA、CFI 和 NNFI 这四个常用的指数来分析。关于各拟合指数的取值范围，一般认为，$\chi^2/df$ 的值越接近 1.0,表示协方差矩阵和估计的协方差矩阵之间的相似度越大，也就是说构建的模型拟合程度就越好。但在一般研究中，当 $\chi^2/df$ 的值接近 2.0 时，就可以认为该模型有相对较好的拟合优度；如果 $\chi^2/df$ 的值在 5.0 左右,表明模型的拟合在可以接受的范围之内（Clercq,2007）；对于 RSMEA 的值，如小于 0.05 表示接近拟合，效果相对较好，0.05～0.08 表示相当拟合，0.08～0.10 表示一般拟合，大于 0.10 则表示不拟合；CFI 和 NNFI 指数则是对不同模型进行比较时采用的指标值，其值越接近 1.0，表示拟合程度越好，当大于 0.9 时就表示模型具有较好的拟合。

### 2. 模型检验

根据 EFA 构建的四因子模型，经过分析最终由 22 个题项代表 4 个公因子的基本结构，结构模型图如图 2-2 所示。在本节分析中，观测变量为 22 个题项，潜变量则为提取的 4 个公因子，运用 LISREL 8.54 软件对数据进行处理分析，获得相关拟合指数，反映出构建的四因子模型与数据的拟合程度。

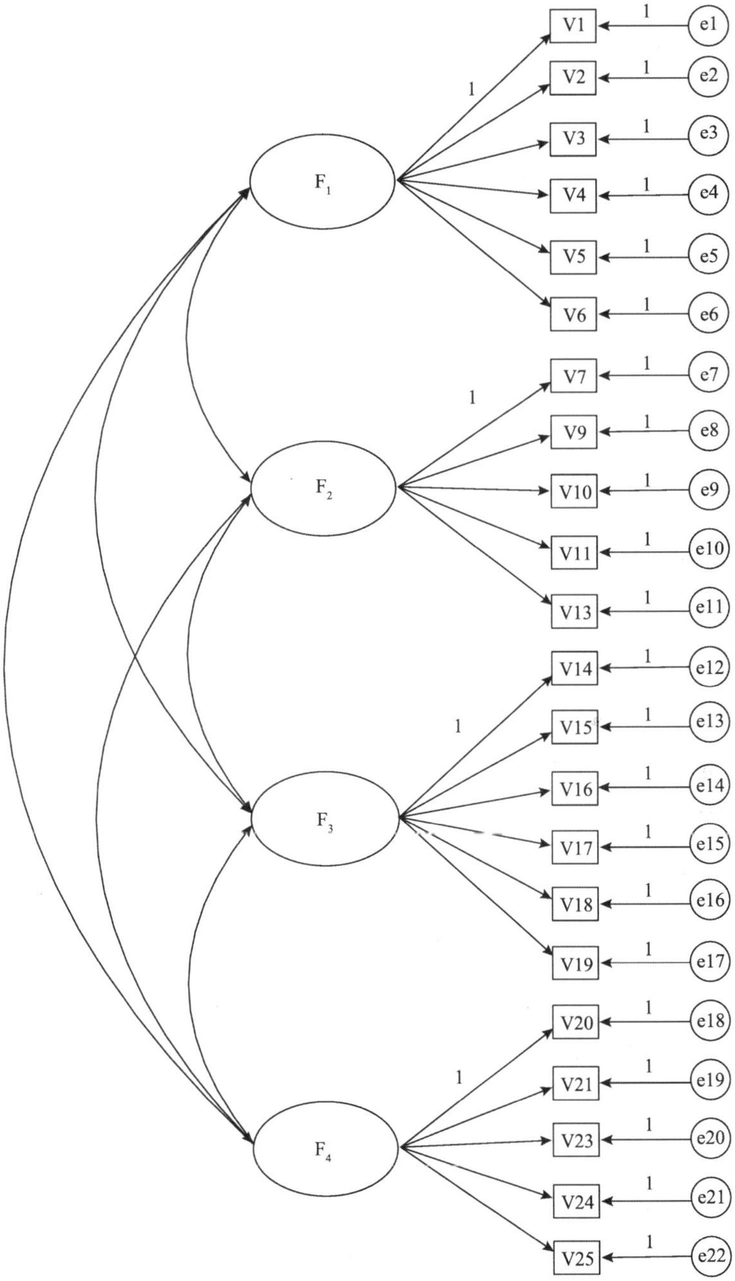


图 2-2 创新网络中核心企业领导力的影响因素结构模型

1）因子载荷

观测变量在潜变量上的因子载荷是评价模型适应性的指标，若因子载荷都达到了统计上的显著性水平，则认为模型在参数估计上达到了基本拟合标准。22 个题项在 4 个因子上的因子载荷如表 2-13 所示。由表中数据可知，各题项的因子载荷均达到了 0.5 以上，并且各题项载荷所对应 *t* 值的绝对值相对较大，其因子载荷达到了 0.05 的显著性水平，因此四因子模型在模型参数估计上符合基本模型适合标准。

**表 2-13　观测变量在潜变量上的因子载荷（*N*=112）**

| 题项 | 成分 | | | |
|---|---|---|---|---|
| | $F_1$ | $F_2$ | $F_3$ | $F_4$ |
| V1 | 0.65（11.78） | | | |
| V2 | 0.69（12.61） | | | |
| V3 | 0.67（12.26） | | | |
| V4 | 0.72（13.01） | | | |
| V5 | 0.62（11.14） | | | |
| V6 | 0.64（11.65） | | | |
| V7 | | 0.63（11.20） | | |
| V9 | | 0.64（11.47） | | |
| V10 | | 0.70（12.83） | | |
| V11 | | 0.65（11.43） | | |
| V13 | | 0.74（13.76） | | |
| V14 | | | 0.62（11.09） | |
| V15 | | | 0.73（13.54） | |
| V16 | | | 0.61（10.47） | |
| V17 | | | 0.73（13.67） | |
| V18 | | | 0.63（11.17） | |
| V19 | | | 0.64（11.68） | |

续表

| 题项 | 成分 | | | |
| --- | --- | --- | --- | --- |
| | $F_1$ | $F_2$ | $F_3$ | $F_4$ |
| V20 | | | | 0.63（11.04） |
| V21 | | | | 0.64（11.71） |
| V23 | | | | 0.61（10.49） |
| V24 | | | | 0.65（11.74） |
| V25 | | | | 0.77（14.31） |

注：小括号内数字为各因子载荷对应 $t$ 值

2）模型的拟合性

采用 $\chi^2/df$ 、RMSEA、CFI 和 NNFI 这四个拟合指数对各公因子及其四因子模型进行分析，结果如表 2-14 所示。

**表 2-14　四因子模型各公因子及总模型的拟合性指标**（$N$=112）

| 模型 | $\chi^2/df$ | RMSEA | CFI | NNFI |
| --- | --- | --- | --- | --- |
| $F_1$ | 2.01 | 0.072 | 0.92 | 0.94 |
| $F_2$ | 1.92 | 0.073 | 0.94 | 0.92 |
| $F_3$ | 1.95 | 0.068 | 0.96 | 0.93 |
| $F_4$ | 1.99 | 0.066 | 0.95 | 0.92 |
| 总模型 | 1.94 | 0.061 | 0.93 | 0.94 |

由表 2-14 中数据可知，$F_1$ 知识资源的 $\chi^2/df$ =2.01，RMSEA=0.072，表示拟合性较好，CFI、NNFI 分别为 0.92、0.94，均大于 0.9，有较好的拟合；$F_2$ 网络能力的 $\chi^2/df$ =1.92，RMSEA=0.073，表示拟合性较好，CFI、NNFI 分别为 0.94、0.92，均大于 0.9，属较好拟合；$F_3$ 网络结构的 $\chi^2/df$ =1.95，RMSEA=0.068，表示拟合性较好，CFI、NNFI 分别为 0.96、0.93，均大于 0.9，属较好拟合；$F_4$ 领导者特质的 $\chi^2/df$ =1.99，表示拟合性很好，RMSEA=0.066，表示拟合性较好，CFI、NNFI 分别为 0.95、

0.92，均大于 0.9，属较好拟合。而总模型的 $\chi^2/df$ =1.94，RMSEA=0.061，表示拟合性较好，CFI、NNFI 分别为 0.93、0.94，均大于 0.9，属较好拟合。总的来看，四个因子以及整体模型的拟合情况都较好。各题项与对应因子的路径载荷如表 2-15 所示，四因子模型的 CFA（*N*=112）的完全标准化系数解如图 2-3 所示。从分析结果来看，EFA 提出的创新网络中核心企业领导力的影响因素四因子模型得到了支持，从而验证了前面的理论构想。

**表 2-15　路径载荷表**（*N*=112）

| 因子 | 题项 | 路径载荷 | 因子 | 题项 | 路径载荷 |
|---|---|---|---|---|---|
| 知识资源（$F_1$） | V1 | 0.65 | 网络结构（$F_3$） | V14 | 0.72 |
| | V2 | 0.67 | | V15 | 0.81 |
| | V3 | 0.77 | | V16 | 0.63 |
| | V4 | 0.71 | | V17 | 0.65 |
| | V5 | 0.78 | | V18 | 0.71 |
| | V6 | 0.64 | | V19 | 0.74 |
| 网络能力（$F_2$） | V7 | 0.63 | 领导者特质（$F_4$） | V20 | 0.64 |
| | V9 | 0.68 | | V23 | 0.73 |
| | V10 | 0.65 | | V21 | 0.76 |
| | V11 | 0.78 | | V24 | 0.65 |
| | V13 | 0.65 | | V25 | 0.81 |

3）模型比较

为检验四因子模型的区分效度，本书对其竞争模型进行了检验，讨论四因子模型的优劣。竞争模型是将不同因子组合后合并成一个新因子，重新构建一个因子模型，在本书中竞争模型有三因子、二因子和单因子模型，将四因子模型与竞争模型之间的模型拟合程度进行比较，数据分析结果如表 2-16 所示。

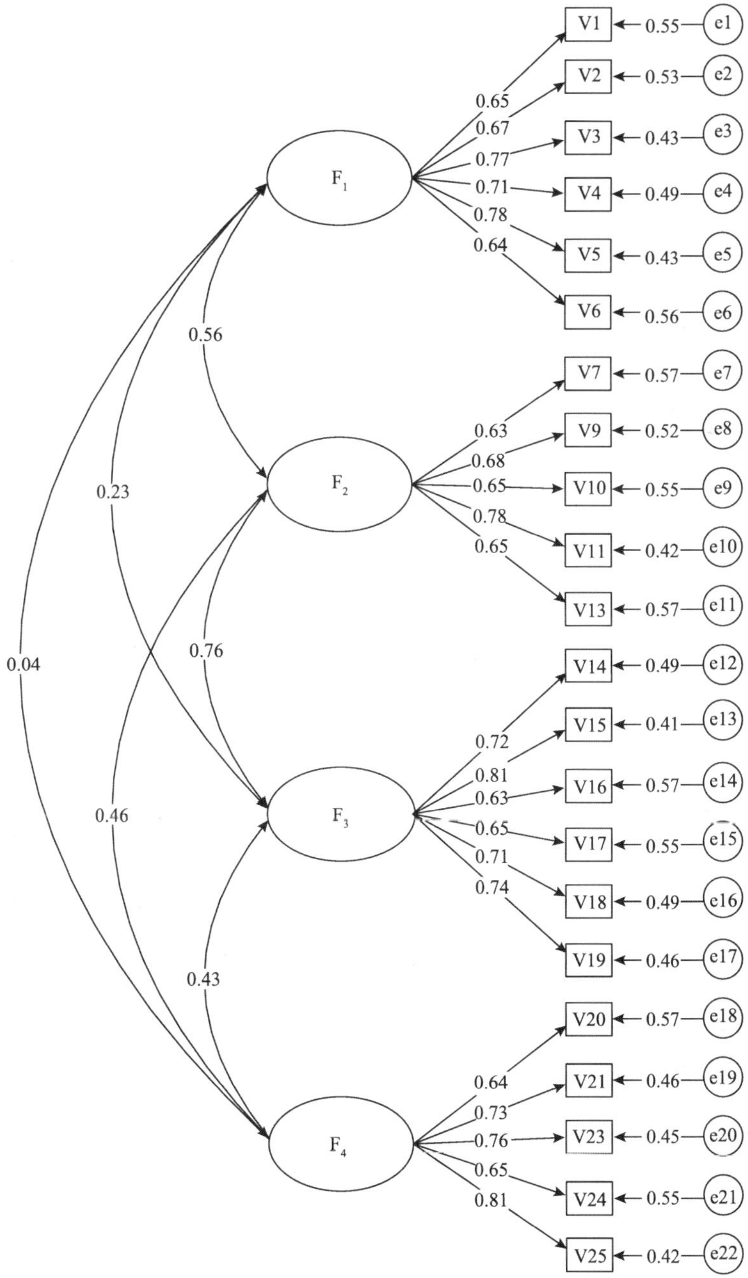


图 2-3　四因子模型的完全标准化系数模型图

**表 2-16　四因子模型与竞争模型的比较**

| 模型 | 因子 | $\chi^2/df$ | RMSEA | NNFI | CFI |
|---|---|---|---|---|---|
| 四因子模型 | $F_1$，$F_2$，$F_3$，$F_4$ | 1.94 | 0.061 | 0.93 | 0.94 |
| 竞争模型 1 | （$F_1$+$F_2$），$F_3$，$F_4$ | 1.92 | 0.067 | 0.92 | 0.93 |
| 竞争模型 2 | （$F_1$+$F_3$），$F_2$，$F_4$ | 1.90 | 0.071 | 0.92 | 0.91 |
| 竞争模型 3 | （$F_1$+$F_4$），$F_2$，$F_3$ | 1.86 | 0.076 | 0.93 | 0.94 |
| 竞争模型 4 | $F_1$，（$F_2$+$F_3$），$F_4$ | 1.83 | 0.069 | 0.91 | 0.92 |
| 竞争模型 5 | $F_1$，（$F_2$+$F_4$），$F_3$ | 1.92 | 0.067 | 0.93 | 0.93 |
| 竞争模型 6 | $F_1$，$F_2$，（$F_3$+$F_4$） | 1.79 | 0.073 | 0.94 | 0.91 |
| 竞争模型 7 | （$F_1$+$F_2$+$F_3$），$F_4$ | 1.84 | 0.075 | 0.91 | 0.93 |
| 竞争模型 8 | （$F_1$+$F_2$+$F_4$），$F_3$ | 1.80 | 0.071 | 0.92 | 0.91 |
| 竞争模型 9 | （$F_1$+$F_3$+$F_4$），$F_2$ | 1.84 | 0.069 | 0.93 | 0.92 |
| 竞争模型 10 | （$F_2$+$F_3$+$F_4$），$F_1$ | 1.86 | 0.072 | 0.92 | 0.93 |
| 竞争模型 11 | （$F_1$+$F_2$），（$F_3$+$F_4$） | 1.90 | 0.068 | 0.94 | 0.95 |
| 竞争模型 12 | （$F_1$+$F_3$），（$F_2$+$F_4$） | 1.78 | 0.074 | 0.92 | 0.93 |
| 竞争模型 13 | （$F_1$+$F_4$），（$F_2$+$F_3$） | 1.82 | 0.069 | 0.93 | 0.92 |
| 竞争模型 14 | $F_1$+$F_2$+$F_3$+$F_4$ | 1.87 | 0.066 | 0.92 | 0.92 |

从表 2-16 中的数据可以得知，相对于 14 种竞争模型，四因子模型的拟合指数整体上具有优势，因此 CFA 的结果并不支持由 $F_1$、$F_2$、$F_3$、$F_4$四个因子重新组合之后构成的三因子模型、二因子模型和单因子模型，由此可以得知创新网络中核心企业领导力的影响因素主要是由四个因素组成。

### 3. 结果分析

本书在以 112 个样本为数据分析的基础，采用 LISREL 8.54 数据软件中的 CFA 数据分析方法，对 EFA 提出的四因子模型进行了检验分析，主要包括检验四因子影响因素模型与数据相拟合的程度以及构建模型的优劣。通过数据分析的结果，本书构建的模型具有相对较好的整体拟合优度，其中 $\chi^2/df$ 为 1.94，接近 2.0，有较好的拟合；RMSEA=0.061，属相当拟合，NNFI、CFI 分别为 0.93、0.94，均大于 0.9，属较好拟合。除此之外，本书为了更为严谨地检验模型的最优性，对模型的竞争模型也进行了分析，结果证明相对竞争模型，四因子模型的拟合指数整体上具有优势，这说明 EFA 所得的四因子模型由四个显著不同的因子构成，具有较好的区分效度。

CFA 的结果验证了从 EFA 中发现的创新网络中核心企业领导力的影响因素，主要由知识资源、网络能力、网络结构、领导者特质这四个因素构成影响因素模型，从而验证了本书提出的理论与设想。

# 第三章

# 核心企业领导力对网络创新能力、联盟绩效的影响

# 第一节 概念界定

通过对国内外研究文献梳理，结合本书的研究情景和对象，将各变量定义如下。

## 1. 核心企业领导力

本书将核心企业领导力定义为创新网络中处于网络关键节点的企业,凭借自身资源和技术创新能力获得周边企业认可,对其形成吸引力,自觉或不自觉地将其纳入共同目标实现过程的能力，是一种非强制性影响力；并将其划分为三个维度，即协调力、影响力和引领力。

其中，协调力是指恰当处理网络成员关系，合理配置网络资源，保证网络内部和谐和凝聚力的复合能力；影响力是指通过企业自身先进性和榜样作用，吸引周边企业主动靠拢，持续提升、改善自己的能力；引领力指的是核心企业在承担网络发展目标确定、战略规划制定与实施等方面，吸引周边企业不断加入共同目标实现过程，形成自发追随效应的能力。

## 2. 知识聚合

本书在借鉴 Williams（1990）及吴晓波和刘清华（2003）研究观点的基础上，结合本书的研究目的，将知识聚合定义为：基于知识的创新网络，通过知识系统之间的传递、共享和整合，形成开放、动态、系统化的知识的活动。

根据知识存在状态变化过程，本书将知识聚合划分为知识转移和知识创造两个阶段。

其中，知识转移要侧重于知识在网络中的物理运动，知识本身不发生变化；而知识创造则是知识“新生命”的诞生阶段，知识在转移的基础上不断被内化，通过再创造获得新的发展和创新。

3. 网络创新能力

结合 Sher 和 Yang（2005）及 Zhao 等（2005）的研究观点，本书在借鉴林筠等（2011）关于技术创新能力研究成果的基础上，将创新能力扩展至网络的研究层面，将其定义为网络主体利用内外部资源产生创新绩效的潜力，其实质是有助于激发创新活动的高级知识的拥有和利用能力。

4. 网络协调

网络协调也称关系协调，本书用的网络协调这一概念指的是战略联盟网络所呈现出来的一种状态，即联盟内部较低程度的冲突与矛盾，整个联盟有序并默契运行的状态。网络协调的基础是资源和知识的共享。

5. 知识共享

知识共享是指个体知识、组织知识通过各种共享手段为组织中其他成员所共享，并通过知识创新，实现组织的知识增值（赵倩和武忠，2007）。

6. 关系绩效

关系绩效不是直接的生产和服务活动，而是构成组织的社会、心理背景的行为，如自愿承担不属于自己职责范围内的工作，帮助同事，与之合作完成作业活动等（Borman and Motowidlo，1993）。

7. 创新绩效

Hagedoorn 和 Cloodt（2003）认为创新绩效从狭义上理解是指根据企业将发明创造引入市场的程度测量的结果，从广义上理解是指从概念生成一直到将发明引入市场整个轨迹过程所取得的包括发明、技术及创新三方面的绩效。

# 第二节　模 型 构 建

## 一、核心企业领导力对网络创新能力影响研究的模型构建

### 1. 理论模型

随着我国经济发展步入新常态，国际经济形势下行压力不断增大，以及全球技术创新竞争的日益激烈，创新被摆在越来越重要的位置。国家政策的大力支持，以及包含全球范围创新力量的二十国集团智库（T20）会议（2016 年）创新研讨会等国际会议的合力推进，共同营造了一个良好的创新环境。第三次工业革命以来，在崇尚科学、崇尚人才、崇尚创新的科技兴国氛围下，我国涌现出了相当一批具有较强科研潜质和竞争实力的技术创新企业。它们在实现自身跨越式发展的同时，也带动了产业链整体链条及周边相关配套企业的协同发展，组建起具有一定实力和规模的创新网络。随着网络的不断发展演化，网络中占据关键节点位置、拥有不可替代性技术能力的企业逐渐发展成为网络的核心企业，凭借自身资源优势、科技优势形成强大的协同能力、引领能力和影响能力，在此情境下，核心企业领导力应运而生。

最近几年，学术界有关核心企业领导力的文献不断涌现。魏江和寒午（1998）及谢永平等（2012b）研究认为，核心企业领导力的发挥有助于实现网络成员间的相互协调与合作，有利于创新绩效的提升。这一研究为发挥创新网络中核心企业领导力，进而推动网络绩效水平的提升提供了新的研究视角。

相关研究认为，创新能力是产生创新绩效的潜力（郭春元，2010），因而，核心企业领导力在一定程度上应对创新能力具有某种重要影响。所以，本书试图探析二者之间的作用机理。本书以创新网络为背景，围

绕核心企业领导力对网络创新能力的影响开展相关研究，辨析核心企业领导力对网络创新能力的作用机理。

21 世纪是一个以知识为核心竞争资源的时代，知识作为一个独立的资源要素已经越来越多地参与到企业的运营管理当中。特别是对于创新网络和技术创新型企业来说，一切有关创新的活动开展和产出均需要建立在拥有相对领先性知识资源的基础上，离开知识这一重要因素，任何创新都将是缺少根基的大厦、没有源头的江海。

核心企业领导力正是建立在自身这种知识乃至科技优势的基础之上。核心企业凭借这种优势确立自身在网络中的绝对优势和领导地位，并伴随着这种领导力的发挥有效促进网络内部的知识资源协调，实现知识资源在网络内部的传递和创造，实现网络内部的知识聚合作用，进而激活网络整体的创造新动能，营造一个创造性、迸发性的知识更新系统，最大限度地实现网络创新能力的整体提升。

因此，在本节中笔者将知识聚合作为中介变量，探究创新网络中核心企业领导力对网络创新能力的作用机制，探究知识聚合在这一过程中发挥的中介作用。

基于以上描述，本书构建了一个基于核心企业领导力对网络整体创新能力影响作用的理论研究模型，如图 3-1 所示。其中，核心企业领导力是研究的自变量，分为协调力、引领力和影响力三个维度；知识聚合是研究的中介变量，分为知识转移和知识创造两个维度；网络创新能力是研究的因变量。

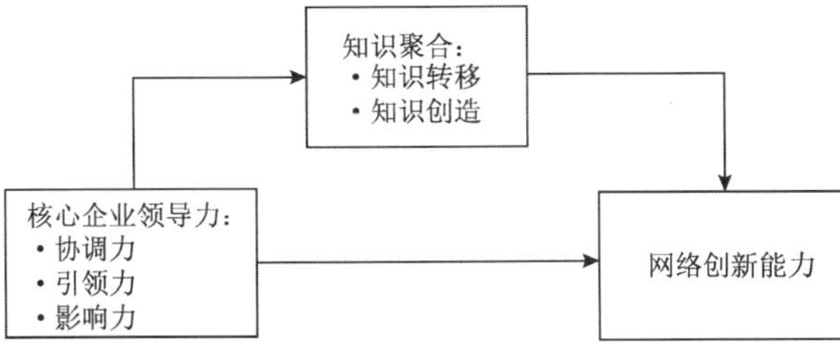


图 3-1　核心企业领导力与网络创新能力理论模型图

## 2. 假设提出

1）核心企业领导力与网络创新能力

魏江和寒午（1998）指出，企业自身所拥有的核心能力是企业在技术创新方面的能力的核心内容。而核心企业领导力的有效发挥有助于企业核心能力的培养和建立，因此，提高核心企业领导力有助于企业技术创新能力提升。

创新网络是由众多独立企业构成的，这些企业在资源禀赋上存在差异，专业分工不同，竞争优势不全面。它们在自身利益的驱使下，围绕同一目标聚集在一起，发挥各自潜能促进网络系统创新活动的开展。由于自身条件的不同，它们在网络中的关系具有不均衡性。

网络构建完成以后，最重要的问题是如何有效协调网络成员关系，合理配置网络资源，促进网络创新能力的提升。核心企业网络协调能力发挥得当，网络成员就能有序开展活动，分解网络创新过程中的任务，在和谐、流畅的环境下实现网络创新，提升网络的创新能力。

贾卫峰和党兴华（2010a）研究认为，通过协调能力的发挥，可以进一步强化网络成员的关系连接，合理调整网络成员关系，形成有利于促进网络创新能力提升的成员结构。

从网络成员关系的角度，徐碧琳和李涛（2011）认为，核心企业在创新网络内部的领导力是非强制性的，不像规章制度那样具有强制执行力，但是却能有效协助网络发展，适当调整网络成员关系和行为。通过核心企业协调能力的有效发挥，网络成员企业以特定的形式组合起来，形成协同发展效应。

据此，本书提出如下假设：

H1-1a：协调力对网络创新能力具有正相关作用。

在创新网络中，引领力指的是核心企业在承担网络发展目标确定、战略规划制定与实施等方面，吸引周边企业不断加入共同目标实现过程，形成自发追随效应的能力。

Moynihan（2009）研究指出，网络主导企业对网络发展具有重要的引领和指引作用。网络中资源禀赋和个体成员能力往往是分散且独立存在的，要想完成网络的共同目标，实现技术创新，就必须有效整合网络资源和能力。核心企业作为网络的主导者，可以在自身优势的基础上为其他成员指明发展方向，有效引领网络成员行为。

与之类似，徐碧琳和李涛（2011）研究发现，核心企业通过有效引领网络成员确立发展方向的方式来促进网络创新能力的提升。

虽然创新网络是由众多独立的成员单位构成的，但由于追求目标的一致性，成员间边界具有一定程度的开放性，易于彼此间相互学习、相互借鉴。在这种情况下，核心企业通过进一步强化网络共同目标的实现，可以有效增进成员企业间的认同度，提升相互间的信任水平，通过共同目标的引领作用，汇聚网络资源，加快网络技术创新活动的实现。在共同目标的推动上，充分发挥核心企业的统一引领作用，有利于网络成员在技术创新过程中不断提升自己，形成协同创新能力。

据此，本书提出如下假设：

H1-1b：引领力对网络创新能力具有正相关作用。

在创新网络中，核心企业的影响力是指通过企业自身先进性和榜样作用，吸引周边企业主动靠拢，持续提升、改善自己的能力。

关于核心企业领导力与影响力的关系，Heimeriks和Duysters（2007）研究认为，核心企业领导力就是网络间相互作用的一种本质上的影响力。借助自身的先决优势，通过网络目标实现过程作用于成员企业，推动网络创新能力的提升。

持相似研究观点的还有Ren等。Ren等（2009）研究认为，核心企业凭借网络位置和其他企业对其的资源依赖关系来影响网络成员行为，促使其自觉遵守网络惯例，服从网络创新目标的统筹，通过相互协作增强网络实力，形成技术创新合力。

Cheng（2011）的相关研究表明，核心企业领导力的根本归宿是引导成员企业实现网络创新的发展目标，而创新活动实现在相当程度上要依靠核心企业网络影响力充分发挥。

苏敬勤和林海芬（2013）对核心管理者开展了相关研究，提出核心管理者对网络来说具有核心掌控的作用，往往通过网络成员对整体运行在一定程度上施加正面的作用。

因此，进一步探索影响力在创新网络中发挥作用的机制，分析影响力对网络创新能力的影响具有重要作用。

据此，本书提出如下假设：

H1-1c：影响力对网络创新能力具有正相关作用。

2）核心企业领导力与知识聚合

Cummings 和 Teng（2003）研究认为，知识转移的速度与质量在很大程度上受到合作伙伴间关系的影响。和谐、互助的网络环境能有效减少成员间的关系摩擦，增加网络内聚力，加快网络中知识资源在成员企业间的传递和创新，增强科技创新的新动能。

Zaheer 和 Bell（2005）也肯定了核心企业对网络知识聚合的重要作用。在其研究中提到，核心企业在网络中依据资源优势占据核心地位，在此基础上拥有协调网络成员关系的能力，通过中心枢纽位置获取网络知识，合理引导知识向最需要的环节流动，实现网络知识的整合和有效利用（Ignatiadis and Nandhakumar，2007）。

因此，核心企业在网络中发挥协调能力，可以产生互惠互利的效果，不仅可以丰富自身的知识储备，同时还能通过协调知识在网络成员间合理流动，促进网络成员学习和创新的提高（Heimeriks et al.，2012）。

那么，协调力的影响因素是什么，如何发挥核心企业的协调力呢？贾卫峰和党兴华（2010b）开展了相关研究，结果表明：影响核心企业在网络中的协调能力发挥的因素主要有两点，即网络成员间的学习能力水平高低和网络各节点之间的耦合程度。简单来说，就像生活中朋友之间相互帮扶一样，如果一个企业在网络中拥有较好的成员关系，那么当其缺少发展的某种资源时，便可通过关系协调快速地从合作伙伴那里获取相应的资源，维持自身的发展。

据此，本书提出如下假设：

H1-2a：协调力对知识转移具有正相关作用；

H1-3a：协调力对知识创造具有正相关作用。

哲学研究告诉我们，虽然内因是事物变化发展的依据，是决定性力量，但是，任何事物的发展仅仅依靠内因还是不够的，还需要发挥外因是事物发展变化的重要条件的作用，增强外部资源的补给和促进。

核心企业网络地位的确立建立在自身拥有丰富且不可替代的知识资源的基础上，但随着其在网络中主导地位的确立，以及引领网络发展目标的客观需求，核心企业的进一步发展也要汲取外部的知识资源（姚小涛和席酉民，2003）。

Eric 和 Terri（2000）研究发现，相似性越大，战略伙伴之间知识的相互转移活动会越容易。这是因为，相似性强的企业之间更易于达成联盟，彼此间的利益关联越相似，越有助于形成共同的奋斗目标。在共同目标的引领下，彼此之间的开放性有效增强，有利于知识转移的完成。

据此，本书提出如下假设：

H1-2b：引领力对知识转移具有正相关作用；

H1-3b：引领力对知识创造具有正相关作用。

Tsai（2001）研究发现，网络成员间的影响力不同，网络间知识转移的效率差别很大。这是由于核心企业凭借自身的主导地位，可以对网络内部的知识转移产生重要影响，进而促进新知识和技术在创新网络内部的传播，加速新知识和技术的形成，引发知识创造效应。

徐碧琳和李涛（2011）的研究表明，核心企业在网络组织内部的领导力主要表现为一种影响力，并且这种影响力并没有强制执行的特点，主要依靠其他企业对其的资源依赖及企业魅力来实现，进而对其他成员企业产生引导和凝聚作用。企业的凝聚带来的是有效沟通和融合，这非常有利于知识创新。

关于影响力与知识聚合的关系，苏敬勤和林海芬（2013）也进行了描述。研究认为，网络成员间知识聚合和影响力是交互作用的关系，即核心企业可以借助自己在网络中的强大影响力来凝聚知识、扩大知识储备；反过来，随着网络成员间知识聚合的不断发展，核心企业的知识优势得到进一步固化，使其对网络的掌控能力进一步增强，在网络中的影响力不断扩大。与其他研究不同的是，这一研究提到了二者的交互作用，需要通过相关实证分析进一步探索其具体关系。

郝斌等（2013）研究中将核心企业领导力划分为三种作用力，其中，平台领导力的本质是一种影响力，其影响效应表现为可以通过一定的技术平台的组建，实现网络知识的有效整合和创新。

据此，本书提出如下假设：

H1-2c：影响力对知识转移具有正相关作用；

H1-3c：影响力对知识创造具有正相关作用。

3）知识聚合与网络创新能力

2016 年 8 月，在二十国集团智库（T20）会议创新研讨会上，国际电信联盟秘书长特别代表、国际电信联盟无线电通信局副局长马涅维茨•马里奥强调组织间的相互连接，认为沟通是创新的主要动力，也是可持续进步的动力。

随着经济全球化的加速发展，以及知识经济的全面扩张，通过结成企业联盟实现知识转移和再造已成为企业间知识更新的一种重要方式。

知识存量是衡量一个地区或者国家技术创新能力的一个相当关键的指标（王海花和谢富纪，2012）。原因在于，知识存量反映了所投入的知识要素的富集程度，代表着一个组织包含的技术创新的发展潜力。

江诗松等（2011）研究认为，除了依靠自主知识更新和提升来实现技术创新外，建立开放式的学习环境，是促进创新的另一个有效途径。

林筠等（2011）研究认为，知识转移是企业不断扩大知识存量的一种有效途径，有利于网络成员间的互惠合作及共同发展，是一种整体功能大于各部分功能之和的共享模式。

谢永平等（2012a）研究发现，核心企业利用自身强大的网络能力，能有效协调网络内部的矛盾与冲突，促进网络内部知识的传递和再造，进而促进网络个体乃至网络整体创新能力的提高。

组织间知识转移是合作创新、开放创新的基础，在一定条件下，企业合作可以有效促进知识转移，实现成员间知识共享。

据此，本书提出如下假设：

H1-4a：知识转移对网络创新能力具有正相关作用。

知识是创新的源泉和不竭动力，作为知识更新的必然结果，知识创造是形成企业核心竞争优势，推动技术创新能力提升的重要力量。在创新网络中，网络间的知识创造是激发成员企业不断提升自主创新能力，实现技术交流，推动网络间合作创新能力提升的关键力量。

谢永平等（2016）研究认为，在创新网络中，核心企业借助网络位置优势汇聚网络分散资源，形成激发创新的新动能，有助于提升网络整体的竞争力，提升网络整体的创新能力和发展水平。

在 2016 年的二十国集团智库（T20）会议创新研讨会上，联合国大学校长特别代表、联合国大学常务副校长、联合国助理秘书长武内和彦认为，要建立充满活力的合作创新体系，就必须大力推动知识和行动整合，进一步通过创新实现可持续发展。

从内因是事物发展变化的决定因素的角度出发，刘志迎等（2015）研究认为，企业的创新能力主要通过自主研发来实现。在自主研发与创新的环境下，由于缺乏与外部的沟通和交流，创新对自身知识储备和实力的要求将会更高。这种情况下，知识创造成为影响一个企业自主研发能力的主要因素，因此，探究知识创造对企业自主研发能力的作用具有重要意义。

Dantas 和 Bell（2011）研究认为，在创新网络中，企业间以网络的形态聚集在一起，增强彼此间沟通与协作，有助于在网络内部实现技术资源共享，推动知识创新与知识再造，促进网络创新能力的整体提升。

据此，本书提出如下假设：

H1-4b：知识创造对网络创新能力具有正相关作用。

### 3. 假设汇总

本节具体阐述核心企业领导力在技术创新环境下对创新能力的作用路径，并提出了相关假设，如表 3-1 所示。

**表 3-1　核心企业领导力与创新能力研究假设汇总表**

| 假设序号 | 假设内容 |
|---|---|
| H1-1a | 协调力对网络创新能力具有正相关作用 |
| H1-1b | 引领力对网络创新能力具有正相关作用 |
| H1-1c | 影响力对网络创新能力具有正相关作用 |
| H1-2a | 协调力对知识转移具有正相关作用 |
| H1-2b | 引领力对知识转移具有正相关作用 |
| H1-2c | 影响力对知识转移具有正相关作用 |
| H1-3a | 协调力对知识创造具有正相关作用 |
| H1-3b | 引领力对知识创造具有正相关作用 |
| H1-3c | 影响力对知识创造具有正相关作用 |

续表

| 假设序号 | 假设内容 |
|---|---|
| H1-4a | 知识转移对网络创新能力具有正相关作用 |
| H1-4b | 知识创造对网络创新能力具有正相关作用 |

## 二、核心企业领导力对联盟绩效的影响研究的模型构建

### 1. 理论模型

本部分主要从两个方面研究技术创新战略联盟中核心企业领导力，即网络关系和网络知识对联盟产生影响，进而对联盟关系绩效和创新绩效产生影响，构建核心企业领导力、网络协调和知识共享与联盟绩效的概念模型。

徐碧琳和李涛（2010）对网络组织核心企业领导力与网络组织运作效率的关系进行了研究，采用结构方程的研究方法对所建立的概念模型进行了分析检验。研究结果表明，网络组织核心企业领导力对网络组织信任的形成具有正向促进作用，网络组织核心企业领导力以合作稳定为中介变量，间接促进网络组织运作效率的提高（图 3-2）。

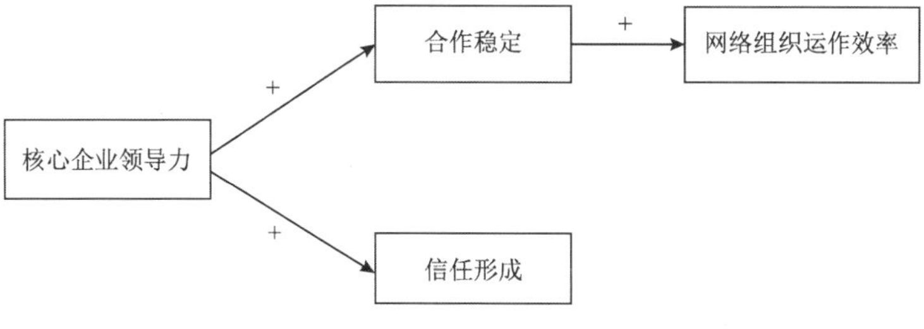


图 3-2　徐碧琳和李涛的研究结论

郝斌和任浩（2011）从一种新的理解联盟企业行为与战略的视角来

探讨企业间领导力，认为联盟核心企业的企业间领导力形成包括三个阶段，即控制、主导和领导，并随着这三个阶段的递进演化而逐渐提升其影响力。他们认为，企业间领导力是指联盟中核心企业对成员企业的影响力，核心企业通过探索联盟发展方向、整合联盟资源与目标、协助解决成员企业困难、树立良好的企业形象与声望来引导和影响联盟其他成员企业，并促进联盟成功（图 3-3）。

图 3-3　郝斌和任浩的研究结论

Rampersad 等（2010）通过对计算机技术、生物技术和纳米技术网络管理的研究，讨论了权力分化、信任、协调和协同等对网络的影响，从网络的分析水平上提出治理创新网络的概念模型，如图 3-4 所示，并通过实证检验证实了所提出的假设，认为协调可以促进创新网络内部的沟通效率和研发效率，从而对创新网络的网络运作效力有正向影响。本书根据 Rampersad 等的研究将网络运作效力分为沟通效率和研发效率，相应地，将技术创新战略联盟绩效分为关系绩效和创新绩效两个方面来研究。

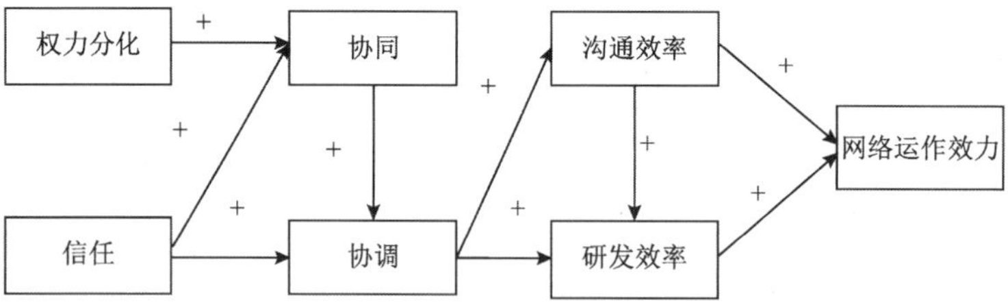


图 3-4　Rampersad 等的研究结论

根据本书理论综述以及借鉴以上研究模型，笔者将本书的概念模型构建如下，如图 3-5 所示：本书从技术创新战略联盟中核心企业领导力出发，分析其对网络关系协调以及知识共享的影响，进而分析其对联盟绩效（包括关系绩效和创新绩效）产生的影响。

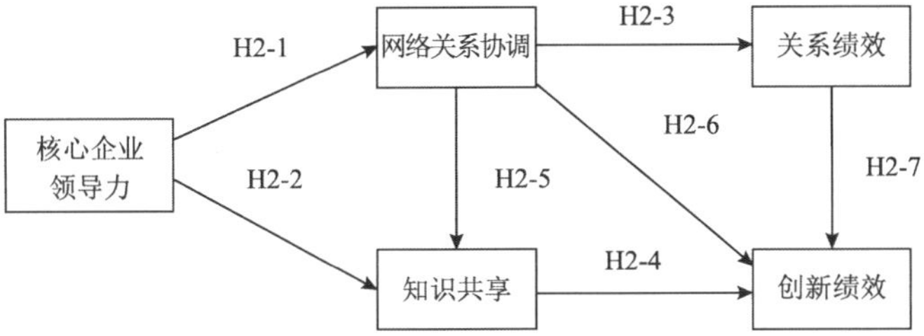


图 3-5　核心企业领导力与联盟绩效概念模型图

## 2. 假设提出

在组织或联盟内，一个优秀的领导者能够提高组织凝聚力，形成企业远景和战略，带领企业走出困境或者获得市场竞争优势。Bass 等（2003）通过研究证实了领导力与团队绩效的正相关关系。然而，对于一个技术创新战略联盟而言，核心企业领导力是否对其组织运行效率产生影响是我们主要研究的问题。Gindis 和 Baudry（2005）的研究发现，网络组织成员间存在一个核心企业，核心企业引导着其他网络成员的行为，进而影响网络组织运行效率。直观上，我们也认为，存在核心企业可以使整个网络组织更好地把握市场、赢取机会。

刘万利和贾宪州（2009）在其文章中指出，模块化组织中的核心企业在组织中往往扮演各节点企业信息共享和协调活动的协调者的角色。它们通常分为两类。一类是在技术方面或管理方面相对强势的企业，称为强势核心企业。这类企业凭借其核心竞争力将其他的组织成员吸引到自己的周围并且形成协调一致的网络结构。另一类是凭借其与组织中其他成员之间的良好关系而形成的网络关系上的核心，称为弱势核心企业。这类企业使组织内的成员在市场竞争中进行不断地协商和重复博弈，从自己的战略与利益出发，在其他合作伙伴做出举动之后，以一定的契约来规范各个节点企业的行为。在这个过程中，核心企业充当一个协调者，当组织趋于稳定后，其能力便得到认同，从而成为组织的核心。

联盟中核心企业对网络的控制集中体现在两个层面：一是信息与知识的控制，即通过信息与知识的合理分配与传递，协调网络其他成员的目标与期望；二是行为控制，即直接通过网络规则或非正式契约协调网络成员的行为，使其朝着有利于网络发展的方向行动。本书从网络关系和网络知识两个方面探究核心企业领导力对组织运行产生的影响。

首先，在网络关系方面，基于自身强势的网络能力、更具优势的网络位置和更良好的声望和地位，核心企业往往被视为联盟方向制定者和网络协调人。它通过控制和协调联盟其他成员企业的行为，确保联盟合作的有效性和自身价值最大化，并促使成员企业在战略、行为等层面上尽显追随者姿态。由此可见，核心企业不仅作为战略联盟的合作者参与其中，更在联盟的合作过程中起到了领导者的作用。核心企业不仅应充当联盟方向制定者和网络协调人的角色，更应该扮演网络领导者的角色，核心企业在整个网络中的影响力极大地影响着网络成功（郝斌和任浩，2011）。核心企业和其他联盟成员的伙伴关系是通过核心企业领导力进行组织协调加以实施的（刘贵富和赵英才，2006）。企业主导的技术创新联盟是由企业、科研院所等组织机构组成的，每个联盟成员都有自己处事的特点。在联盟运行过程中，成员彼此之间的关系或多或少都会出现一些问题，核心企业作为该联盟的领导者具备一定的组织协调能力在此刻显得尤为重要。

核心企业拥有较强的组织协调能力，不仅可以调节联盟成员在合作中产生的矛盾，而且可以为联盟成员在进行技术创新的过程中提供有力的保障，进而使该联盟得以协调、稳健地发展（王喜闻，2011）。当企业联盟中存在一个核心企业时，由于该企业对联盟中的其他成员具有相对较强的控制力和影响力，这时形成的一般是强关系网络。在强关系网络中，成员之间的合作关系非常紧密。同时，核心企业的存在有利于成员间冲突的协调与解决。另外在强关系网络中，由于较高的壁垒，组织内成员间长期的互惠合作和重复交易模式促进了相互之间的学习和信息交换并产生了信任，信任的产生进一步巩固了联盟内部的协调关系以及知识共享的程度。据此，本书提出如下假设：

H2-1：技术创新战略联盟中核心企业领导力对联盟内网络关系协调有正向影响。

在网络知识方面，技术创新战略联盟的知识网络是整个创新网络的重要组成部分，它镶嵌于产业技术创新战略联盟之中，是整个战略联盟发展过程中的知识和信息积累。

对于处于较好网络位置的企业，即核心企业，不仅在网络知识获取中处于占优地位（Uzzi，1997），而且能够更快地传递有关机会与威胁的信息、接收有关合作伙伴的信息（Powell，2004）。

产业集群或创新联盟知识网络的节点组织在知识资源、知识的吸收能力以及知识的创造能力等各个方面存在差异。核心企业作为集群或联盟知识网络的核心节点，在集群或联盟知识网络中发挥着重要的作用。例如，Hansen 和 Haas（2001）指出，网络中的间接联系有利于知识传递，而核心企业往往是这一过程中的传递中介。Orsenigo 等（2007）认为，核心企业是知识创新网络的组织者。核心企业依靠其强大的知识资源能力，将其周围的成员企业连接在一起，通过与它们发生频繁的知识与信息的交换，促进联盟的知识与信息流动，从而促进联盟内的知识共享。

集群行为主体对外部知识资源的吸收能力是有差异的，所以集群中知识吸收能力较高的行为主体通常扮演“知识守门人”角色（Giuliani，2003）。产业集群“知识守门人”的行为决定集群吸收与集成外部知识的能力。笔者认为，在技术创新战略联盟对外进行知识与信息交流时，核心企业利用其在联盟内的领导力在此时充当“知识守门人”的角色，在联盟知识获取与扩散过程中，充当外部知识接收器的角色，同时发挥译码器的作用。

核心企业由于有良好的知识基础，能更好地吸收新的外部知识，更好地与联盟内已有知识相互整合，从而提高创新吸收外部知识的能力，完善联盟知识网络的基本架构。并且，核心企业通过组织与推广新产品、供应零部件等特定的交易活动有关的知识共享活动形成知识链。在这个知识链上，形成一条知识流，使得联盟内企业在供应链层面的知识流动和知识整合能够平稳进行，从而提高联盟知识的共享程度，促进联盟知识的网络化。

由此我们提出以下假设：

H2-2：技术创新战略联盟中核心企业领导力对联盟内网络知识共享有正向影响。

协调来源于系统研究。系统协调的目的是希望通过某种方法来组织或调控所研究的系统，使之从无序转换为有序，从而实现系统的整体功能。有些学者已明确把管理本质归于协调，认为管理就是以“看得见的手”来协调，以保障企业资源的配置和企业经济活动的运行。

需要进行协调的对象往往包含若干个相互矛盾或冲突的子系统。如果这些子系统不能通过协调来妥善处理各种冲突，就会出现系统的整体功能小于各部分子系统功能之和。反之，如果系统内的子系统可以通过协调来处理系统中存在的矛盾与冲突，那么系统的整体功能将会大于各部分子系统功能之和，即本书所说的网络关系协调的状态。

根据 Malone 等（2007）的观点，协调活动的产生首先来源于组织关系中由于某种依赖而产生的冲突。研究协调问题的关键在于研究相互之间的依赖性。组织关系中的依赖性不同，则处理问题的规则和程序也不同。正是联盟内部节点企业对联盟中核心企业的依赖性，同时，核心企业与非核心企业之间不存在隶属的强制关系，导致战略联盟核心企业对节点企业的协调采用以社会关系为基础的协调机制。

关系协调是在合作关系中企业对于合作利益的追求，以期获得自身无法取得的战略优势。通过有效的协调，联盟内部的矛盾与冲突可以降到最低，从而有效地促进联盟内部成员之间的友好关系。我们认为，协调的网络关系会是联盟关系绩效高的一种前兆，根据以上分析，本书提出如下假设：

H2-3：网络关系协调对技术创新战略联盟关系绩效有正向影响。

知识与一般资本的不同，即知识并没有一般产品报酬的递减现象。组织内的员工越积极共享越能发挥知识的价值，Quinn 等（1996）指出，知识经过共享后双方所获得资讯和经验都会呈线性增长，若再继续与他人互换和共享知识，并将问题反馈引申，则会得到指数成长的资讯和经验。在技术创新战略联盟中也是如此，网络内成员越积极参与知识共享，越能够出现协同效应，知识的价值就越能发挥出来。

Kogut 和 Zander（1992）认为，创新源于企业对知识资源的重新整合与创造，而知识共享正好提供了知识整合的机会。同时，Nonaka 和 Peltokorpi（2006）指出，有效的知识共享可以最大限度地利用现有知识以促进产品创新，知识共享强化了隐性知识和显性知识相互转化，促进了知识创新。

Nonaka 和 Peltokorpi（2006）指出，国际知名企业之所以一直保持领先优势，原因就在于这些企业能够在主观和客观因素的交互作用下，通过员工之间的互动和知识共享来实现组织的不断创新。知识共享对知识创造、组织学习和组织绩效起着关键的作用。大量的实证研究也表明，知识共享能够促进创新能力和创新绩效的提升（谢康等，2002）。Rowley（2003）揭示了在全球企业网络中知识共享与创新系统和创新绩效之间的关系，表明进行知识共享的企业会获得更好的绩效。

Heide（2012）指出，企业一般不可能拥有创新活动所需要的所有关键知识资源，它必须不断从外部获取知识以满足创新活动的知识需求。

企业利用外部知识进行创新不仅缓解了内部资源有限的制约，降低研发成本并提高创新速度，同时还避免了组织只在某个路径上积累知识而导致创新能力刚性的问题。从组织外部知识共享的情形来看，企业间进行合作或交流的过程中，通过连接的渠道相互交流知识与资源，从中激发出新的创意或想法，能进一步提高企业创新绩效。

Tsai（2000）在对大型跨国公司的实证研究中，进一步指出在多元业务单位组织内，通过彼此间的学习，与其他单位转移知识、分享资源，使知识在组织单位中不断转移，并提供相互学习与合作的机会，可以刺激新知识的产生并增进创新能力。大多数学者认为合作伙伴间知识共享的程度越高，对创新效益与创新效率的影响也越明显。

基于以上分析，本书提出如下假设：

H2-4：知识共享与联盟创新绩效具有正向相关关系。

协调的网络关系使得关系双方相互妥协，参与者会尽力去理解各方的观点，并解决他们之间的冲突。Song 和 Thieme（2006）建立了协调和信息沟之间的联系。信息沟是一种低效率的征兆，是指参与者之间已获得的信息共享与理想程度的差距。他们认为，组织运行得越和谐，信息沟则越小，即知识共享的程度越高。协调的网络关系是以相互间的信任、联盟成员间的强关系为特点的，Zucker（1986）提出的以过程为基础的信任就是组织间重复活动所建立的信任。这种信任建立在多次持续性的互动基础上。在创新网络中，当网络内呈现出一种协调的氛围时，企业间的关系比较融洽，信息交流频繁而流畅，从而促进了网络中的沟通效率，也在一定程度上促进了联盟内部知识共享。

Bock 等（2005）进一步指出，知识共享可以被理解成一种社会交换行为，人们向他人分享自己的知识和经验是为了他人也能向自己分享他们的知识和经验。那么，对他人的信任便成为人们共享知识的前提。Chowdhury（2005）的研究也表明，情感信任和认知信任对知识共享有显著的正向影响。

根据以上分析，本书提出如下假设：

H2-5：网络关系协调对技术创新战略联盟知识共享具有正向促进作用。

在网络关系协调的情况下，核心企业通过发挥其领导力，使得网络内的成员倾向于向着共同的目标进行创新活动，有利于形成明确和统一的目标。

目标即一项行动想要达到的结果。任何行为的发生都有一定的目的性，为行动指明方向。从自发的网络组织，到提供管理效率的内部化网络及提升战略优势的组织间网络，再到更具环境适应能力的网络组织，勾勒出组织网络化的历程，表现了组织从被动网络化到主动网络化，从基于传统信息处理的网络化到基于现代信息技术的网络化的转变（李维安等，2003）。这正是网络组织在其形成过程中目标逐渐清晰的过程。而在网络组织发展的初期，各企业结成网络的目标并不是很明确，这在一定程度上会影响到网络组织的创新绩效。至于目标的一致性指的是节点企业在网络中目标的兼容性，它意味着网络内各成员企业都清楚地知道对方真实的合作目标，并且这些目标的实现不会伤及合作伙伴。如果网络内各成员企业的目标不一致，那么，冲突发生的可能性将会增大。这样就会对合作的效果产生消极的影响。实践表明，良好的联盟关系一般都开始于单一的和清楚的战略愿景，目标的相关性有助于促进合作强度及其持久性的增加，有助于合作公平性的实现，进而使合作双方达成共识，减少合作中的阻力。

网络关系的协调是以相互信任与承诺为特征的，许多学者已经研究证实信任能够对技术创新绩效有显著的正向影响。Hogan 等（1994）认为，组织信任能够有效地降低监督成本，促进成员间的协作行为，支持成员的创新，为组织带来不可模仿的竞争优势，进而使组织受益。李宁等（2006）研究表明组织内信任对任务绩效有着显著的影响。据此，本书提出如下假设：

H2-6：网络关系协调对技术创新战略联盟创新绩效有正向影响。

Borman 和 Motowidlo（1993）认为，关系绩效虽然与核心技术无直接的关系，但是它对组织内部的沟通起到润滑的作用，降低紧张的情绪反应，可以促进任务绩效，从而提高组织的效率。关系绩效并不直接对组织目标做出贡献，主要是致力于减少人际、团体和组织与个人之间的交易成本，从而提高组织绩效。Borman 和 Motowidlo 将帮助和自愿行为定义为关系绩效，认为关系绩效行为对组织目标有正的贡献。

Van Scotter 和 Motowidle（1996）通过研究又将关系绩效分为人际促进和工作奉献两个维度。其中，人际促进是有助于组织目标实现的人际倾向行为，这些行为对提高员工士气、鼓励协作及创造任务绩效发生的情景有重要作用。良好的组织氛围可以有效地促进联盟内部技术创新绩效的提高。Podsakoff 等（1997）认为，组织公民行为能够充当组织运行的润滑剂，减少组织各个“部件”运行时的相互摩擦，促进生产效率的提高，有效地协调团队成员和工作群体之间的活动，增强组织吸引和留住优秀人才的能力，从而促进整个组织效率的提高。根据以上分析，本书提出如下假设：

H2-7：战略联盟关系绩效对创新绩效具有正向影响。

### 3. 假设汇总

本书基于技术创新战略联盟理论和相关文献，具体分析了创新网络中核心企业领导力对网络关系和网络知识产生的影响，认为在核心企业领导力的影响下，有利于网络协调和知识共享，并且能对战略联盟技术创新的关系绩效和创新绩效产生正向影响。在此基础上，本书提出了 7 条假设（表 3-2）。

**表 3-2　核心企业领导力与联盟绩效研究假设汇总**

| 假设序号 | 假设内容 |
|---|---|
| H2-1 | 技术创新战略联盟中核心企业领导力对联盟内网络关系协调产生正向影响 |
| H2-2 | 技术创新战略联盟中核心企业领导力对联盟内网络知识共享产生正向影响 |
| H2-3 | 网络关系协调对技术创新战略联盟关系绩效产生正向影响 |
| H2-4 | 知识共享与联盟创新绩效具有正向相关关系 |
| H2-5 | 网络关系协调对技术创新战略联盟知识共享具有正向促进作用 |
| H2-6 | 网络关系协调对技术创新战略联盟创新绩效产生正向影响 |
| H2-7 | 战略联盟关系绩效对创新绩效产生正向影响 |

# 第三节　实证研究设计与分析

## 一、实证研究设计

根据假设模型确定的变量间相互关系和研究目的，本章在参照国内外相关学术研究成果的基础上，设计了测量量表，并通过预测试从初始测量题项中筛选效度、信度较高的题项，形成正式的测量问卷，从而确保相关测量题项能够准确度量本书所要研究的变量，为下一步研究数据的获取和模型验证奠定扎实的基础（图 3-6）。

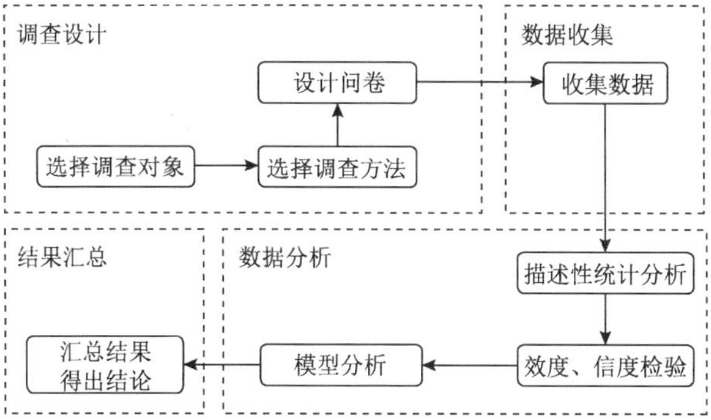


图 3-6　实证研究过程

## （一）量表设计

本书的基本思路是：首先进行变量的界定，然后通过问卷调查收集研究数据进行实证分析，从而验证相关假设的真伪性，以达到检验研究模型、得出相关管理经验与启示的目的。

量表设计是实证分析的前提，也是实证检验的重要环节。本书主要通过以下几个阶段进行问卷设计。

第一，初步确定测量指标。本书查阅了大量的学术文献，在广泛阅读和深入研究的基础上，结合本书的研究背景和研究对象，吸收研究中与本书相关的部分，初步形成核心企业领导力、知识聚合及网络创新能力的测量指标。

第二，征询学术团队成员的相关意见。将初步确定的测量指标提交相关研究领域的专家、导师组进行斟酌和指导，充分讨论各变量测量题项的合理性与可行性，根据反馈结果形成调研量表的初稿。

第三，预测试。根据预测试反馈情况，删除不适合指标，进行问卷提问方式、遣词造句方面的修改，确定最终调研问卷。

一般情况下，预测试的问卷发放数量应为问卷中题项最多的分量表题项数目的 3～5 倍，由于本书问卷中分量表题项的数量分别为 8 个、10 个、12 个，初始问卷中分量表的最大题项数为 12，因此，预测试发放数量应为 36～60 份。本书共发放预测试问卷 100 份，回收 85 份，回收率为 85.0%，有效问卷 79 份，回收问卷有效率为 92.9%。判定无效问卷的主要依据是空缺较多、答案雷同、数据分布规律呈现明显集中趋势或者明显规律性、答案异常。

本书的测量量表分为基本情况调研和变量测量两大部分。

### 1. 基本情况调研

作为调研问卷的第一部分，该部分主要统计被测试者的基本信息，主要包括被测试者的年龄、性别、学历、所从事行业的类别、企业规模、企业年限、个人在团队中的角色等。

同时，为了有效控制不必要的干扰，本书进行了控制变量的限定，选取企业特质、企业规模与企业年限作为控制变量。调研将企业特质限定为高科技生物制药业、电子信息行业相关企业；要求企业规模在 30 人以上，以确保研究对象的规模性和有效性；同时，将企业年限限定在 5 年以上，以保证所获取研究数据的可靠性和意义性。

### 2. 变量测量

变量测量部分包含七个研究变量，分为核心企业领导力、知识聚合、网络创新能力、网络协调、知识共享、创新绩效、关系绩效。为了保证各测量量表具有较高的可信性和良好的效度，本书广泛查阅国内外相关研究，尽量使用成熟量表（国内外已发表的学术论文或相关研究成果中的量表）进行变量测量，再结合本书的研究背景加以修改，使之更适合本书所构建的研究情境。

1）核心企业领导力测量量表

通过相关文献梳理，本书将核心企业领导力划分为协调力、引领力和影响力三个维度。通过大量的文献研究发现，目前学术界有关核心企业领导力的研究测量广泛采用 Zaheer 和 Bell（2005）与郭春元（2010）的测量量表。因此，本书采用这一成熟量表对核心企业领导力加以测量，共八个题项。

其中，协调力从协调成员企业完成任务、处理网络关系冲突、统筹实现目标的能力等方面进行测量，共三个题项；引领力主要从适应变化、做出改变及号召力等方面加以测量，共三个题项；影响力主要从核心企业的行为决策对成员企业的影响方面加以测量，共两个题项，具体测量量表如表 3-3 所示。

**表 3-3 核心企业领导力测量量表**

| 维度 | 编号 | 题项 |
| --- | --- | --- |
| 协调力 | A1 | 处于领导地位的合作伙伴能使各组织职责分明、指挥得体并使合作伙伴合作协调一致（我能使各合作伙伴职责分明，并能指挥合作伙伴合作协调一致） |
| | A2 | 处于领导地位的合作伙伴能够有效处理联盟内部的冲突，调解联盟内部关系（我能有效处理联盟内部冲突，调解成员间关系） |
| | A3 | 处于领导地位的合作伙伴能够通过有效的控制来发展和维持网络组织的目标一致性（我能使各合作伙伴职责分明，并能指挥各合作伙伴协调一致） |
| 引领力 | A4 | 因发展需要，当处于领导地位的合作伙伴做出战略改变时，我会毫不犹豫地追随他（当我做出战略改变时，我的合作伙伴会毫不犹豫地追随我） |
| | A5 | 当环境变化时，处于领导地位的合作伙伴能做出正确的决策以适应环境（当环境变化时，我能做出正确的决策以适应环境） |
| | A6 | 处于领导地位的合作伙伴能根据现实的环境与条件做出正确的发展战略（我能根据现实的环境与条件做出正确的发展战略） |
| 影响力 | A7 | 处于领导地位的合作伙伴对我的行为具有约束作用（我能约束合作伙伴的行为） |
| | A8 | 处于领导地位的合作伙伴对我的要求，我能很好地执行与完成（我对合作伙伴的业务要求，他们能很好地执行与完成） |

2）知识聚合测量量表

知识聚合是一个相对新颖的研究变量，目前学术界对其的研究成果较少。

通过文献综述部分有关知识聚合两个维度的划分和界定，本书在借鉴 Enberg（2012）、Eric 和 Terri（2000）、Cummings 和 Teng（2003）相关研究的基础上，制定了知识聚合测量量表，每个维度各设计四个题项，共八个题项，具体测量量表如表 3-4 所示。

**表 3-4 知识聚合测量量表**

| 维度 | 编号 | 题项 |
| --- | --- | --- |
| 知识转移 | B1 | 新技术知识在网络内部成员间具有一定的共享性 |
| | B2 | 网络内部存在某个成员企业具备较强的知识集成、转移能力 |
| | B3 | 网络成员间经常发生新技术知识相互传播、交流的情况 |
| | B4 | 网络成员企业间可以实现开放式交互学习以获得外部新技术知识 |

续表

| 维度 | 编号 | 题项 |
| --- | --- | --- |
| 知识创造 | B5 | 我们善于吸收、利用来自外部的新技术知识，形成新的发展潜力 |
| | B6 | 我们有充足的技术人员、资金进行新技术的研发 |
| | B7 | 我们企业的新技术知识对网络整体技术发展具有重要作用 |
| | B8 | 网络中很多新技术知识的形成来源于网络内部的知识交流 |

3）网络创新能力测量量表

本书研究的网络创新能力是创新网络组织中的创新产出能力，其主体包含网络中所有的参与者。

在借鉴侯健敏和党兴华（2011）、吴丰华和刘瑞明（2013）、陈力田（2012）的部分成熟量表的基础上，采用专利申请和授权数量来衡量网络创新能力，并结合创新网络的组织特性，考虑到网络内部各个成员企业在网络创新能力提升中的贡献和所发挥作用的不同，本书主要从自主创新能力和合作创新能力两个维度对网络创新能力加以度量，共设计了六个题项，具体测量量表如表 3-5 所示。

**表 3-5　网络创新能力测量量表**

| 维度 | 编号 | 题项 |
| --- | --- | --- |
| 网络创新能力 | C1 | 我们企业具备通过自主研发不断获得新专利授权和发明新产品的能力 |
| | C2 | 我们企业比较重视对提升企业创新能力的各项投入 |
| | C3 | 我们企业不断加强有助于提升创新能力的学习和培训 |
| | C4 | 网络内部存在某个成员企业对网络整体创新能力起引领作用的情况 |
| | C5 | 网络成员企业间存在通过相互协作共同提升创新能力的情况 |
| | C6 | 网络内部存在通过企业间相互协作发明新专利或获得新专利授权的情况 |

4）网络协调测量量表

根据 Holm 等（1996）就关系协调合作绩效测量的指标，结合研究实际情况，共设计了五个题项，具体测量量表如表 3-6 所示。

**表 3-6　网络协调测量量表**

| 维度 | 编号 | 题项 |
| --- | --- | --- |
| 网络协调 | D1 | 我所处的联盟内部不存在矛盾与冲突（联盟内部的矛盾和冲突可以得到妥善处理） |
| | D2 | 通过企业间合作，我认为合作伙伴是值得信任的 |
| | D3 | 我所在的企业还会继续参与该战略联盟 |
| | D4 | 我会向其他企业推荐我们的战略合作伙伴 |
| | D5 | 我所处的联盟内部关系融洽 |

5）知识共享测量量表

对于知识共享，本书研究的是联盟内部知识共享的程度，根据 Hansen 等（2005）的研究，知识共享主要包括共享决策、搜索成本和转移成本。共享决策测量的是当企业需要知识时是倾向于组织内部积累还是从外部组织中获取；而搜索成本测量的是企业在外部组织中能否比较顺利地找到所需要的知识以及所耗费的时间和人力等资源的情况；转移成本测量的是当企业找到了所需要的知识，把知识占为己有所耗费的成本，具体测量量表如表 3-7 所示。

**表 3-7　知识共享测量量表**

| 维度 | 编号 | 题项 |
| --- | --- | --- |
| 知识共享 | E1 | 联盟内部文化推崇企业间信息与知识共享 |
| | E2 | 当企业需要技术知识或产品信息时，通常从联盟内其他企业获取 |
| | E3 | 公司通常花较少的时间和成本就能找到所需要的技术知识或产品信息 |
| | E4 | 公司通常很容易就能把从企业外部获得的技术知识应用到实践中 |

6）创新绩效测量量表

国内学者一般从创新效益和创新效率两个方面对创新绩效进行测量，指标包括新产品数的情况、申请的专利数情况、新产品产值占销售总额的比重情况、新产品的开发速度情况、创新产品的成功率情况。本书沿用 Gemünden 等（1996）的研究，以创新成功代替创新绩效，来描述创新结果，内容上包括产品创新成功和工艺创新成功两个方面。

对于产品创新成功来说，产品创新率是一个较为常用的指标。除此之外，一些产品的改善和微小的市场成功率也是产品创新成功的常用测量指标。对于工艺创新成功来说，通常用企业内部改善后的工艺相对于企业外部现有工艺的先进程度来测量，通常用劳动成本、指挥时间、设备的生产率和材料能源消耗4个指标来测量( Gemünden et al.， 1996 )。

Ritter 和 Gemünden（2003）在 Gemünden 等（1996）测量量表的基础上进行了改进，提出了更为方便的关于创新成功的测量量表，本书采用 Ritter 和 Gemünden（2003）的测量量表来测量技术创新战略联盟创新绩效，如表 3-8 所示。

**表 3-8　Ritter 和 Gemünden（2003）关于创新成功的测量量表**

| 变量 | 题项 |
| --- | --- |
| 产品创新成功 | 与我们的竞争对手相比，我们产品的改进和创新有较好的市场反应 |
| | 与我们的竞争对手相比，我们新产品开发的成功率较高 |
| | 我们的新产品拥有较高的技术含量 |
| 工艺创新成功 | 新产品开发过程中，我们的投入产出效率更高 |
| | 与我们的竞争对手相比，我们的生产设备更先进 |
| | 我们拥有一流的工艺技术 |

考虑到本书部分样本多属于非制造类企业，如 IT 企业等，其生产设备不能有效体现其创新水平，所以，按照工艺创新成功主要体现创新效率的内涵对工艺创新成功维度的问题项做了适当的调整，如表 3-9 所示。

**表 3-9　创新绩效测量量表**

| 维度 | 编号 | 题项 |
| --- | --- | --- |
| 产品创新成功 | F1 | 与我们的竞争对手相比，我们产品的改进和创新有较好的市场反应 |
| | F2 | 与我们的竞争对手相比，我们新产品开发的成功率较高 |
| | F3 | 我们的新产品在技术含量上是一流的 |

续表

| 维度 | 编号 | 题项 |
| --- | --- | --- |
| 工艺创新成功 | F4 | 我们有非常先进的生产设备 |
| | F5 | 与同行相比，我们的新产品开发的投入产出效率较高 |
| | F6 | 我们的生产设备体现了一流的工艺技术 |

7）关系绩效测量量表

由于本书研究的是技术创新战略联盟合作关系绩效，不同于企业内部以人为研究个体的关系绩效，所以本书利用关系质量这一概念来替代联盟关系绩效。关系绩效测量量表主要参考了 Hewett 等( 2002 )的量表，如表 3-10 所示。

**表 3-10　关系绩效测量量表**

| 维度 | 编号 | 题项 |
| --- | --- | --- |
| 满意 | G1 | 我们与合作伙伴打交道感觉很愉快 |
| | G2 | 我们对合作伙伴很满意 |
| | G3 | 我们提供的产品和合作伙伴的要求很接近 |
| | G4 | 我们认为合作伙伴是值得交易的好公司 |
| | G5 | 我们对与合作伙伴的合作关系很满意 |
| | G6 | 我们对合作伙伴的整体表现很满意 |
| | G7 | 我们对合作伙伴在沟通方面的做法很满意 |
| 信任 | G8 | 我们觉得合作伙伴在谈判中很公平 |
| | G9 | 我们觉得合作伙伴是可以信赖的 |
| | G10 | 我们觉得合作伙伴不会利用我们的问题去获取利润 |
| | G11 | 我们觉得合作伙伴在同我们协商时很诚恳 |
| | G12 | 环境变化时，我们觉得合作伙伴会给我们提供支持 |
| | G13 | 我们觉得合作伙伴在做重大决策时会考虑我们的利益 |
| | G14 | 我们认为合作伙伴遵守承诺 |

续表

| 维度 | 编号 | 题项 |
|---|---|---|
| 承诺 | G15 | 我们是合作伙伴的忠诚顾客 |
| | G16 | 我们会继续和合作伙伴进行交易 |
| | G17 | 我们认为合作伙伴值得我们努力去维持双方关系 |
| | G18 | 即使有更多更佳选择，我们也不会和其他公司交易 |
| | G19 | 我们会长期和合作伙伴合作 |
| | G20 | 我们关心合作伙伴的长期发展与成功 |
| | G21 | 我们会参与合作伙伴的新产品研发 |

## （二）样本选择与数据收集

### 1. 样本选择

创新网络类组织技术更新较快，由于自身能力有限、资源局限性，或者创新实践不足、创新的成本和风险不断上升而必须通过联盟促成快速创新（Cowan et al.，2004）。高端制造业、高科技生物制药业与电子信息行业具备创新网络的特点（Powell，2004；Ahuja，2000）。

西安市高新区是全国较为成熟的高科技产业园区之一。本书选取园区内的高科技生物制药业、电子信息行业等相关企业为调研对象，保证了调研对象的有效性和针对性。

调研首先依托西安市科学技术局及西安市高新技术开发区管理委员会进行了调研问卷的发放，有效确保了调研数据的可靠性；其次，以国内其他省市相关企业为辅开展调研，以增强研究数据的代表性。对于西安市高新区相关企业的调研，主要采取实地走访的调查方式，以确保问卷填写的有效性与回收率。而对于其他省市的调研，主要采取向MBA学员发放问卷、邮件调查与电话调研相结合的方式。

在选择调研对象时，根据本书确定的研究情境，主要从以下几个方面考虑：①所选企业均来自具有创新网络特质的高新技术企业，如高科技生物制药业、电子信息行业等相关企业；②所调研企业应在行业内处于核心或主导地位，这一限定有助于测量核心企业领导力这一企业特质；③被调研企业规模要在 30 人以上，以确保研究对象的规模性和有效性；④将企业年限限定在 5 年以上，以保证所获取研究数据的可靠性和意义性。

将被访者限定为创新网络中核心企业的高层管理人员和项目经理、技术人员等，原因在于高层管理人员和项目经理能准确掌握企业的各种资源、协作发展能力及运营等状况，技术人员是企业技术变革的参与者和执行者，能清晰地把握企业的技术革新能力，二者比较全面地涵盖了核心企业领导力应具备的各项测量要素。此外，调研时要有效控制男女比例，确保被调研男女人数基本均衡。

### 2. 数据收集

本书主要研究核心企业领导力对网络创新能力的影响，根据实证研究思路，经过仔细推敲形成调研量表，在预测试基础上加以修订，最终进行问卷调研。

本书选取西安市高新区为主要调研区域，其他区域为辅，向高科技生物制药业、电子信息行业等相关企业开展问卷调研。问卷发放时间为 2015 年 3～8 月，历时 6 个月，发放正式问卷 460 份，回收 325 份，问卷回收率为 70.7%。剔除数据不完整、作答雷同、不符合作答要求以及数据具有明显规律性和集中趋势的问卷 54 份，共得到有效问卷 271 份，回收问卷有效率为 83.4%。

黄芳铭（2005）认为，用于实证研究的样本容量应在 200 份以上，500 份以下比较合适，而本研究的有效问卷数量为 271 份，在合适的范围内，因而研究样本数量可以满足实证分析需要。

## （三）样本数据描述性统计

样本数据的描述性统计旨在概括调研样本的基本情况，主要包括被测试者的年龄、性别、学历、所从事的行业类别、企业规模、企业年限、个人在团队中的角色等特征的描述，特别是对控制变量的基本情况进行描述。关于主变量的描述性统计主要体现在数据平均值、极大值、极小值、标准差等方面。

### 1. 样本数据特征描述

对实证研究而言，调研对象的代表性十分重要。因此，本书严格按照预先设定的企业类别开展调研工作，以保证所采集的数据能够反映创新网络的组织特质。同时，将调研对象锁定为高层管理人员和项目经理、技术人员，以保证数据的有效性。

对回收的正式问卷数据进行频数统计，得出被调研对象的个体特征，如表 3-11 所示。

**表 3-11 样本个体特征描述**

| 个体特征 | 分组标志 | 数量 | 占比/% |
|---|---|---|---|
| 性别 | 男 | 153 人 | 56.5 |
| | 女 | 118 人 | 43.5 |
| 年龄 | ≤25 岁 | 45 人 | 16.6 |
| | 26～30 岁 | 137 人 | 50.6 |
| | 31～40 岁 | 55 人 | 20.3 |
| | ≥ 41 岁 | 34 人 | 12.5 |
| 学历 | 大专及以下 | 12 人 | 4.4 |
| | 本科 | 78 人 | 28.8 |
| | 硕士 | 139 人 | 51.3 |
| | 博士 | 42 人 | 15.5 |

续表

| 个体特征 | 分组标志 | 数量 | 占比/% |
|---|---|---|---|
| 企业性质 | 电子信息行业 | 184 家 | 67.9 |
| | 高科技生物制药业 | 69 家 | 25.5 |
| | 其他行业 | 18 家 | 6.6 |
| 企业规模 | <50 人 | 37 家 | 13.7 |
| | 50～150 人 | 109 家 | 40.2 |
| | 151～500 人 | 83 家 | 30.6 |
| | >500 人 | 42 家 | 15.5 |
| 企业年限 | ≤5 年 | 3 家 | 1.1 |
| | 6～10 年 | 16 家 | 5.9 |
| | 11～15 年 | 137 家 | 50.6 |
| | ≥16 年 | 115 家 | 42.4 |
| 团队角色 | 高级管理人员 | 113 人 | 41.7 |
| | 高级技术人员 | 75 人 | 27.7 |
| | 一般管理人员 | 31 人 | 11.4 |
| | 一般技术人员 | 29 人 | 10.7 |
| | 其他 | 23 人 | 8.5 |

据表 3-11，通过对被调研对象的个体特征统计可知，男性人数为 153 人，占比 56.5%；女性人数为 118 人，占比 43.5%，男性人数略多于女性，但总体上处于均衡状态。年龄方面，主要集中在 26～30 岁，共 137 人，占比 50.6%；31～40 岁阶段其次，共 55 人，占比 20.3%；25 岁及以下有 45 人，占比 16.6%；41 岁及以上有 34 人，占比 12.5%。学历方面，硕士学历的人数最多，共 139 人，占比 51.3%；本科学历的有 78 人，占比 28.8%；博士学历的有 42 人，占比 15.5%；大专及以下学历的有 12 人，占比 4.4%。企业性质方面，电子信息行业企业数量最多，为 184 家，占比 67.9%；高科技生物制药业 69 份，占比 25.5%；其他行业企业 18

份，占比 6.6%。企业规模方面，规模在 50 人以下的有 37 家，占比 13.7%，规模在 50～150 人的有 109 家，占比 40.2%；规模在 151～500 人的有 83 家，占比 30.6%；规模在 500 人以上的有 42 家，占比 15.5%。企业年限方面，3～5 年的 3 家，占比 1.1%；6～10 年的有 16 家，占比 5.9%；11～15 年的有 137 家，占比 50.6%；16 年及以上的有 115 家，占比 42.4%。团队角色方面，高级管理人员有 113 人，占比 41.7%；高级技术人员有 75 人，占比 27.7%；一般管理人员有 31 人，占比 11.4%；一般技术人员有 29 人，占比 10.7%；其他人员有 23 人，占比 8.5%。

### 2. 样本数理统计量描述

为了初步了解各个主变量的基本情况，本书采用各个变量的极大值、极小值、平均值及标准差来描述数据基本特征。本书共七个主变量，其中核心企业领导力分为协调力、引领力和影响力三个指标，知识聚合分为知识传递和知识创造两个指标，见表 3-12。

**表 3-12　各变量的描述性统计**

| 主变量 | 维度 | 题项数 | 极大值 | 极小值 | 平均值 | 标准差 |
|---|---|---|---|---|---|---|
| 核心企业领导力 | 协调力 | 3 | 4.67 | 2.37 | 3.519 1 | 1.056 21 |
| | 引领力 | 3 | 4.73 | 2.17 | 3.450 2 | 1.007 73 |
| | 影响力 | 2 | 4.81 | 2.14 | 3.476 0 | 1.099 82 |
| 知识聚合 | 知识传递 | 4 | 4.92 | 2.04 | 3.481 5 | 1.003 30 |
| | 知识创造 | 4 | 4.85 | 2.74 | 3.794 3 | 0.887 61 |
| 网络创新能力 | — | 6 | 4.91 | 2.61 | 3.756 5 | 0.897 72 |
| 网络协调 | — | 5 | 4.63 | 1.38 | 3.417 0 | 0.750 90 |
| 知识共享 | — | 4 | 4.75 | 1.50 | 3.368 5 | 0.780 51 |
| 关系绩效 | — | 21 | 4.75 | 1.50 | 3.344 8 | 0.778 55 |
| 创新绩效 | — | 6 | 4.98 | 1.60 | 3.524 1 | 0.893 13 |

由表 3-12 可得，各个变量的极大值均大于 4.6，极小值在 1.38～2.74，

同时，各个变量的标准差均大于 0.7，表示被测试者在各个题项的作答上存在一定的差异性。其中，影响力的标准差最大，为 1.099 82，表明被测试者对创新网络中核心企业影响力的评分上，分歧更大。

观察表 3-12 中各变量的平均值可以发现，协调力为 3.5191，引领力为3.4502，影响力为3.4760，知识传递为3.4815，知识创造为3.7943，网络创新能力为 3.7565，网络协调为 3.4170；知识共享为 3.3685；关系绩效为 3.3448；创新绩效为 3.5241，表明被测试者对创新网络环境下的核心企业领导力、知识聚合、网络创新能力、网络协调、知识共享、关系绩效以及创新绩效的认同度较高。

## 二、实证研究分析

### 1. 信度分析

信度度量的是数据的可靠性，强调的是某种特定情形下对同质性的检验。具体到实证研究上，即是调研数据最终的稳定性。在学术界，广泛采用利克特五级量表，以 Cronbach's $\alpha$ 系数来表示。

量表的 Cronbach's $\alpha$ 系数大小与其信度水平高低呈现正相关关系，详见表 3-13。与总量表标准不同的是，分量表信度测量对 Cronbach's $\alpha$ 系数的要求稍低一些。Cronbach's $\alpha$ 系数在 0.70 以上，即表明分量表的信度水平较佳；介于 0.60～0.70，即表明分量表信度是可以接受的；Cronbach's $\alpha$ 系数低于 0.60 的分量表信度过低，需要重新设计测量量表或进一步优化研究工具。

**表 3-13　信度检验 Cronbach's $\alpha$ 系数表**

| 量表类别 | Cronbach's $\alpha$ 系数值区间 | 评价指标 |
|---|---|---|
| 总量表 | <0.70 | 信度水平过低 |
| | 0.70～0.80 | 信度处于可接受的范围内 |
| | ≥ 0.80 | 信度水平最佳 |

续表

| 量表类别 | Cronbach's α 系数值区间 | 评价指标 |
|---|---|---|
| 分量表 | <0.60 | 信度水平过低 |
| | 0.60～0.70 | 信度处于可接受的范围内 |
| | ≥ 0.70 | 信度水平较佳 |

本书运用 SPSS 22.0 进行信度检验，具体结果见表 3-14。

**表 3-14　测量变量信度分析**

| 测量变量 | | 题项数 | Cronbach's α 系数 | |
|---|---|---|---|---|
| 核心企业领导力 | 协调力 | 3 | 0.872 | 0.803 |
| | 引领力 | 3 | | 0.794 |
| | 影响力 | 2 | | 0.812 |
| 知识聚合 | 知识转移 | 4 | 0.891 | 0.737 |
| | 知识创造 | 4 | | 0.751 |
| 网络创新能力 | | 6 | 0.839 | |
| 网络协调 | | 5 | 0.833 | |
| 知识共享 | | 4 | 0.816 | |
| 关系绩效 | | 21 | 0.909 | |
| 创新绩效 | | 6 | 0.847 | |

由表 3-14 可知，所有变量的 Cronbach's α 系数均在理想范围内，信度水平较高，说明本书设计的研究量表可靠性较强，内部一致性良好，适合进行进一步实证分析。

## 2. 效度分析

效度分析是用来评价量表能否准确地反映测量目的和要求的一种

分析方法。效度分析主要包括内容效度、标准效度和建构效度三种。

首先，内容效度主要测查题目的代表性。它常通过双向细目表，用题目分布的合理性来判断，是对问卷内容的一个整体的主观评价，属于一种命题的逻辑分析。其次，标准效度用来衡量不同对象的调查值差异和标准变量之间差异的相关程度。最后，建构效度主要衡量题目对概念的反映水平。

效度检验的时候，需要先验证相关概念是否适合做因子分析，这一判定通常借助于 KMO 样本测度法和 Bartlett's 球形检验法来实现。

KMO 值在 0 和 1 之间，数值越大表明相关性就越强。执行因子分析程序时，KMO 值的判断准则如表 3-15 所示。

**表 3-15　KMO 值的判断准则**

| KMO 值 | 判别说明 | 因子分析适切性 |
|---|---|---|
| 0.9 以上 | 极适合进行因子分析（marvelous） | 极佳的（perfect） |
| 0.8 以上 | 适合进行因子分析（meritorious） | 良好的（meritorious） |
| 0.7 以上 | 尚可进行因子分析（middling） | 适中的（middling） |
| 0.6 以上 | 勉强可进行因子分析（mediocre） | 普通的 （mediocre） |
| 0.5 以上 | 不适合进行因子分析（miserable） | 欠佳的 （miserable） |
| 0.5 以下 | 非常不适合进行因子分析（unacceptable） | 无法接受的（unacceptable） |

在 Bartlett's 球形检验法中，Bartlett's 球形检验统计量的 $Sig<0.01$，可否定相关矩阵为单位阵的零假设，即认为各变量之间存在显著的相关性，进一步说明适合做因子分析。

1）核心企业领导力的效度检验

首先，运用 SPSS 22.0 对核心企业领导力进行 EFA，具体数据见表 3-16 和表 3-17。KMO 值=0.745，Bartlett's 球形检验的近似 $\chi^2=723.154$，

$df$=28，Sig=0.000，均符合要求，即可以对该变量做因子分析。

**表 3-16　核心企业领导力量表的 KMO 值和 Bartlett's 球形检验**

| KMO 值 | 0.745 | |
|---|---|---|
| Bartlett's 球形检验 | 近似 $\chi^2$ | 723.154 |
| | $df$ | 28 |
| | Sig | 0.000 |

**表 3-17　核心企业领导力量表的旋转矩阵**

| 项目 | 成分 | | |
|---|---|---|---|
| | 1 | 2 | 3 |
| 协调力 1 | 0.788 | | |
| 协调力 2 | 0.863 | | |
| 协调力 3 | 0.830 | | |
| 引领力 1 | | 0.806 | |
| 引领力 2 | | 0.803 | |
| 引领力 3 | | 0.843 | |
| 影响力 1 | | | 0.858 |
| 影响力 2 | | | 0.903 |

注：提取方法为主成分分析法；旋转方法为凯撒正态化最大方差法

根据主成分分析法进行因子分析，选取特征值超过 1 的成分，共提取到三个因子，旋转后的成分矩阵见表 3-17。

其次，采用 AMOS 22.0 对核心企业领导力进行 CFA，结果见图 3-7。协调力 1、协调力 2、协调力 3 是协调力的操作变量，引领力 1、引领力 2、引领力 3 是引领力的操作变量，影响力 1、影响力 2 是影响力的操作变量。分析结果和拟合情况如表 3-18 所示。

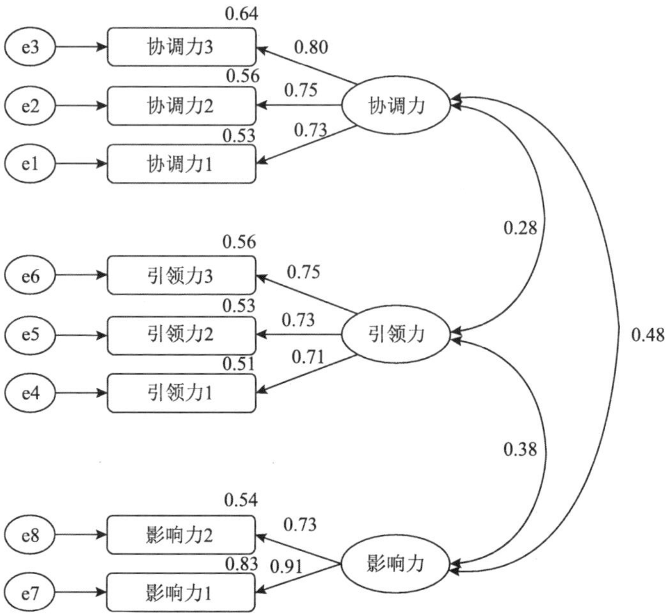


图 3-7　核心企业领导力的验证性因子分析模型

**表 3-18　核心企业领导力的验证性因子分析结果和拟合优度指标**

| 因子载荷路径 | 路径系数 | 标准化路径系数 | S.E. | C.R. | $p$ |
|---|---|---|---|---|---|
| 协调力 1←协调力 | 1.000 | 0.73 | | | |
| 协调力 2←协调力 | 1.088 | 0.75 | 0.105 | 10.330 | *** |
| 协调力 3←协调力 | 1.189 | 0.80 | 0.115 | 10.308 | *** |
| 引领力 1←引领力 | 1.000 | 0.71 | | | |
| 引领力 2←引领力 | 1.013 | 0.73 | 0.111 | 9.162 | *** |
| 引领力 3←引领力 | 1.024 | 0.75 | 0.109 | 9.368 | *** |
| 影响力 1←影响力 | 1.000 | 0.91 | | | |
| 影响力 2←影响力 | 0.846 | 0.73 | 0.107 | 7.888 | *** |

模型拟合指标：$N$=271，$\chi^2$=23.933，$df$=17

| $\chi^2/df$ | $p$ | RMR | GFI | AGFI | NFI | TLI | CFI | RMSEA |
|---|---|---|---|---|---|---|---|---|
| 1.408 | 0.121 | 0.058 | 0.978 | 0.954 | 0.967 | 0.984 | 0.990 | 0.039 |

***表示 $p$<0.001

由表 3-18 可以看出，$\chi^2/df$=1.408<3，$p$=0.121>0.05，RMR=0.058<0.1，RMSEA=0.039<0.05；GFI=0.978，AGFI=0.954，NFI=0.967，TLI=0.984，CFI=0.990，均大于 0.9，所有指标均满足要求，拟合效果比较理想。

2）知识聚合的效度检验

首先，运用 SPSS 22.0 对知识聚合进行 EFA，结果见表 3-19 和表 3-20。KMO 值为 0.803，介于 0.8～0.9；Bartlett's 球形检验的近似 $\chi^2$=774.224，$df$=28，Sig=0.000，各指标情况良好，说明变量可以开展因子分析。

**表 3-19　知识聚合的 KMO 值和 Bartlett's 球形检验**

| KMO 值 | 0.803 | |
|---|---|---|
| Bartlett's 球形检验 | 近似 $\chi^2$ | 774.224 |
| | $df$ | 28 |
| | Sig | 0.000 |

**表 3-20　知识聚合的旋转矩阵**

| 项目 | 成分 | |
|---|---|---|
| | 1 | 2 |
| 知识转移 1 | | 0.745 |
| 知识转移 2 | | 0.777 |
| 知识转移 3 | | 0.829 |
| 知识转移 4 | | 0.826 |
| 知识创造 1 | 0.770 | |
| 知识创造 2 | 0.808 | |
| 知识创造 3 | 0.810 | |
| 知识创造 4 | 0.797 | |

注：提取方法为主成分分析法；旋转方法为凯撒正态化最大方差法

采用主成分分析法进行因子提取，共提取到两个因子，旋转后的成分矩阵如表 3-20 所示。该量表的因子载荷都高于 0.5，累计解释方差达到 64.89%，具有较好的解释力，说明问卷的结构效度符合要求。

其次，图 3-8 中显示出了知识聚合的两大因子，以及各个因子的效度值，其分析结果和拟合情况如表 3-21 所示。

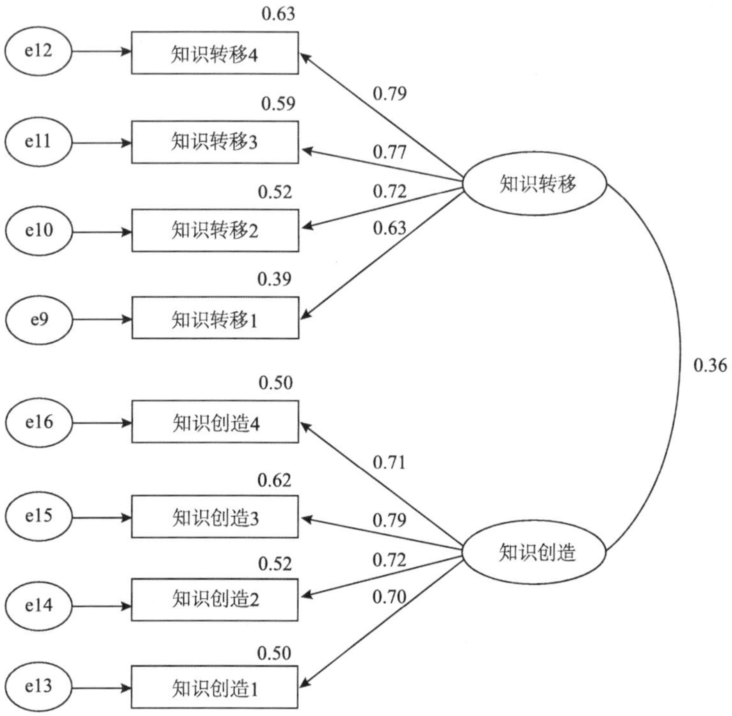


图 3-8　知识聚合的验证性因子分析模型

**表 3-21　知识聚合的验证性因子分析结果和拟合优度指标**

| 因子载荷路径 | 路径系数 | 标准化路径系数 | S.E. | C.R. | *p* |
|---|---|---|---|---|---|
| 知识转移 1←知识转移 | 1.000 | 0.63 | | | |
| 知识转移 2←知识转移 | 1.185 | 0.72 | 0.129 | 9.188 | *** |
| 知识转移 3←知识转移 | 1.292 | 0.77 | 0.135 | 9.555 | *** |
| 知识转移 4←知识转移 | 1.373 | 0.79 | 0.146 | 9.394 | *** |
| 知识创造 1←知识创造 | 1.000 | 0.70 | | | |
| 知识创造 2←知识创造 | 0.971 | 0.72 | 0.101 | 9.583 | *** |
| 知识创造 3←知识创造 | 1.100 | 0.79 | 0.099 | 11.093 | *** |
| 知识创造 4←知识创造 | 1.087 | 0.71 | 0.114 | 9.524 | *** |

续表

| 因子载荷路径 | 路径系数 | 标准化路径系数 | S.E. | C.R. | $p$ | | | |
|---|---|---|---|---|---|---|---|---|
| 模型拟合指标：$N$=271，$\chi^2$=37.250，$df$=19 | | | | | | | | |
| $\chi^2/df$ | $p$ | RMR | GFI | AGFI | NFI | TLI | CFI | RMSEA |
| 1.961 | 0.067 | 0.046 | 0.965 | 0.934 | 0.953 | 0.964 | 0.976 | 0.060 |

***表示 $p$<0.001

可以看出，$\chi^2/df$ =1.961<3，$p$=0.0670.05，RMR=0.046<0.05，RMSEA=0.060<0.1，GFI=0.965，AGFI=0.934，NFI=0.953，TLI=0.964，CFI=0.976，均大于 0.9，所有指标均在理想范围内，拟合效果比较理想。

3）网络创新能力的效度检验

首先，运用 SPSS 22.0 对网络创新能力进行 EFA，见表 3-22 和表 3-23。KMO 值为 0.894，介于 0.8～0.9，Bartlett's 球形检验的近似 $\chi^2$=774.991，$df$=15，Sig=0.000，均符合要求，说明可以开展因子分析。

**表 3-22　网络创新能力量表的 KMO 值和 Bartlett's 球形检验**

| KMO 值 | 0.894 | |
|---|---|---|
| Bartlett's 球形检验 | 近似 $\chi^2$ | 774.991 |
| | $df$ | 15 |
| | Sig | 0.000 |

**表 3-23　网络创新能力量表的旋转矩阵**

| 项目 | 成分 |
|---|---|
| | 1 |
| 网络创新能力 1 | 0.765 |
| 网络创新能力 2 | 0.854 |
| 网络创新能力 3 | 0.765 |
| 网络创新能力 4 | 0.834 |
| 网络创新能力 5 | 0.739 |
| 网络创新能力 6 | 0.805 |

注：提取方法为主成分分析法

主成分分析见表 3-23。该量表的因子载荷均高于 0.5，累计解释方差是 63.13%，说明网络创新能力问卷部分的结构效度很不错。

其次，采用 AMOS 22.0 对网络创新能力进行 CFA，见图 3-9。AMOS 结构模型图中显示出了网络创新能力各个因子的效度值，分析结果和拟合情况如表 3-24 所示。

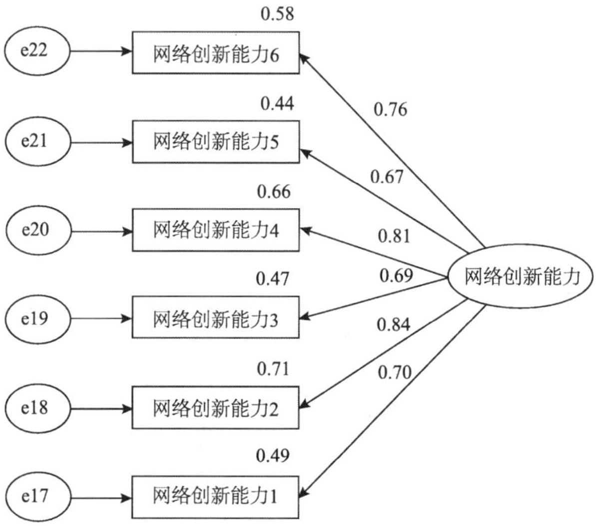


图 3-9　网络创新能力的验证性因子分析模型

**表 3-24　网络创新能力的验证性因子分析结果和拟合优度指标**

| 因子载荷路径 | 路径系数 | 标准化路径系数 | S.E. | C.R. | *p* |
|---|---|---|---|---|---|
| 网络创新能力 1←网络创新能力 | 1.000 | 0.70 | | | |
| 网络创新能力 2←网络创新能力 | 1.145 | 0.84 | 0.841 | 12.547 | *** |
| 网络创新能力 3←网络创新能力 | 0.908 | 0.69 | 0.688 | 10.504 | *** |
| 网络创新能力 4←网络创新能力 | 1.084 | 0.81 | 0.810 | 12.059 | *** |
| 网络创新能力 5←网络创新能力 | 0.869 | 0.67 | 0.666 | 10.087 | *** |
| 网络创新能力 6←网络创新能力 | 0.962 | 0.76 | 0.763 | 11.594 | *** |

续表

<table>
<tr><th colspan="3">因子载荷路径</th><th>路径系数</th><th colspan="2">标准化路径系数</th><th>S.E.</th><th>C.R.</th><th>p</th></tr>
<tr><td colspan="9">模型拟合指标：N=271，$\chi^2$=17.243，df=9</td></tr>
<tr><td>$\chi^2/df$</td><td>p</td><td>RMR</td><td>GFI</td><td>AGFI</td><td>NFI</td><td>TLI</td><td>CFI</td><td>RMSEA</td></tr>
<tr><td>1.916</td><td>0.075</td><td>0.033</td><td>0.979</td><td>0.952</td><td>0.978</td><td>0.982</td><td>0.989</td><td>0.058</td></tr>
</table>

***表示 $p<0.001$

由表 3-24 可以看出，$\chi^2/df$=1.916<3，$p$=0.075>0.05，RMR=0.033<0.1，RMSEA=0.058<0.1，GFI=0.979，AGFI=0.952，NFI=0.978，TLI=0.982，CFI=0.989，均大于 0.9，各项数值均符合要求，拟合效果比较理想。

4）网络协调、知识共享、关系绩效、创新绩效的效度检验

本书运用 SPSS 22.0 的 KMO 样本测度法和 Bartlett's 球形检验法来对网络协调、知识共享、关系绩效、创新绩效量表进行因子分析，即对量表的效度进行检验。相关变量的效度分析检验结果如表 3-25 所示。

**表 3-25　相关变量的效度检验结果**

| 因子 | 指标题数 | KMO | 累计方差贡献率/% | Sig |
|---|---|---|---|---|
| 网络协调 | 5 | 0.810 | 67.216 | 0.000 |
| 知识共享 | 4 | 0.795 | 64.569 | 0.000 |
| 关系绩效 | 21 | 0.883 | 73.513 | 0.000 |
| 创新绩效 | 6 | 0.876 | 75.184 | 0.000 |

从表 3-25 可以看出，各变量的 KMO >0.79，并且 Sig<0.01，累计方差贡献率 >60%，说明因子分析结果非常理想，所收集数据具有相关性，并且是有效的。

上述的信度检验和因子分析说明网络协调、知识共享、关系绩效、创新绩效量表具有较好的可靠性和有效性，所收集到数据可以用来做进一步的分析。

### 3. 相关性分析

相关性分析是对两个以上变量间的相关性情况的量化分析。相关系数具体分类情况见表 3-26。

**表 3-26 变量相关系数值与变量关系类型对照表**

| 相关系数值 | 关系类型 |
|---|---|
| 0 | 变量总体之间完全无关 |
| 0～0.3 | 变量呈轻度线性相关 |
| 0.3～0.7 | 变量呈中度线性相关 |
| 0.7～1 | 变量呈高度线性相关 |
| 1 | 变量为完全正线性相关或完全负线性相关 |

1）核心企业领导力和网络创新能力的相关性分析

由表 3-27 可以看出，除了影响力的相关性较弱外，核心企业领导力的剩余各维度与网络创新能力之间均存在显著相关性。协调力和网络创新能力的相关系数是 0.501（$p<0.01$），引领力和网络创新能力的相关系数是 0.446（$p<0.01$），影响力与网络创新能力的相关系数为 0.269（$p<0.01$），这说明核心企业在创新网络中通过充分协调成员企业关系，正确引领整体的发展方向，有效影响成员间的行为，不断改善网络内部创新氛围、增强网络创新能力。

**表 3-27 核心企业领导力与网络创新能力的相关性分析**

| 自变量 | | 因变量 |
|---|---|---|
| | | 网络创新能力 |
| 协调力 | Pearson 相关性 | 0.501** |
| | 显著性（双侧） | 0.000 |
| 引领力 | Pearson 相关性 | 0.446** |
| | 显著性（双侧） | 0.000 |

续表

| 自变量 | | 因变量 |
|---|---|---|
| | | 网络创新能力 |
| 影响力 | Pearson 相关性 | 0.269** |
| | 显著性（双侧） | 0.000 |

**表示在 0.01 水平（双侧）上显著相关

2）核心企业领导力与知识聚合的相关性分析

由表 3-28 可以看出，除引领力与知识创造的相关性较弱外，核心企业领导力与知识聚合其余维度之间均存在显著相关性。和知识转移之间，协调力的相关系数是 0.685（$p$<0.01），引领力的相关系数为 0.720（$p$<0.01），影响力的相关系数为 0.464（$p$<0.01）；和知识创造之间，协调力的相关系数为 0.417（$p$<0.01），引领力的相关系数为 0.274（$p$<0.01），影响力的相关系数为 0.755（$p$<0.01）。这说明核心企业对网络中知识转移和知识创造产生较强的影响。

**表 3-28　核心企业领导力与知识聚合的相关性分析**

| 自变量 | | 因变量 | |
|---|---|---|---|
| | | 知识转移 | 知识创造 |
| 协调力 | Pearson 相关性 | 0.685** | 0.417** |
| | 显著性（双侧） | 0.000 | 0.000 |
| 引领力 | Pearson 相关性 | 0.720** | 0.274** |
| | 显著性（双侧） | 0.000 | 0.000 |
| 影响力 | Pearson 相关性 | 0.464** | 0.755** |
| | 显著性（双侧） | 0.000 | 0.000 |

**表示在 0.01 水平（双侧）上显著相关

3）知识聚合与网络创新能力的相关性分析

由表 3-29 可以看出，知识聚合与网络创新能力之间存在显著相关性。知识转移与网络创新能力的相关系数为 0.797（$p$<0.01），知识创造与网

络创新能力的相关系数为 0.803（$p<0.01$），这说明成员企业之间实现了相互聚合，共享知识资源，这样不仅可以有效提升自身的知识储备，而且可以促进知识更新，形成创造性新动能。

**表 3-29　知识聚合和网络创新能力的相关性分析**

| 自变量 | | 因变量 |
|---|---|---|
| | | 网络创新能力 |
| 知识转移 | Pearson 相关性 | 0.797** |
| | 显著性（双侧） | 0.000 |
| 知识创造 | Pearson 相关性 | 0.803** |
| | 显著性（双侧） | 0.000 |

**表示在 0.01 水平（双侧）上显著相关

4）核心企业领导力与网络协调、知识共享、联盟绩效的相关性分析

（1）核心企业领导力与网络协调显著相关，而与联盟内部知识共享没有显著相关。核心企业领导力与网络协调的相关系数为 0.702（$p<0.01$）；核心企业领导力与知识共享的相关系数为 0.469。这说明，在核心企业领导力作用下，战略联盟网络内部关系趋于协调。但是，核心企业的领导力并不会对网络内部知识共享产生正向影响，这可能是由于核心企业处于联盟核心位置，拥有独一无二的网络权力与知识权力，联盟内部的非核心企业更倾向于追随核心企业的战略。

（2）网络协调与关系绩效存在显著相关关系。网络协调和关系绩效的相关系数为 0.702（$p<0.01$），这表示网络协调可以有效地提高基础创新战略联盟的关系绩效。网络的协调以较低水平的矛盾和冲突以及较高水平的信任为特征，这种网络关系可以有效地促进联盟内部关系绩效的提高。

（3）知识共享与创新绩效存在显著相关关系。知识共享与创新绩效的相关系数为 0.783（$p<0.01$）。说明联盟内部知识共享对创新绩效产生正向影响，提高联盟内部知识共享的程度可以促进创新绩效的提高。

（4）网络协调与知识共享存在显著相关关系。网络协调与知识共享的相关系数为 0.663（$p<0.01$）；说明网络协调对知识共享产生正向影响，通过协调的网络关系可以很好地促进联盟内部知识共享。

（5）网络协调和创新绩效存在显著相关关系。网络协调和创新绩效的相关系数为 0.752（$p<0.01$）。这说明协调的网络关系有利于创新绩效的提高。协调的网络关系可以促进联盟内节点企业间信任、满意度和承诺，而信任、满意和承诺正是关系质量的核心。

（6）关系绩效和创新绩效存在显著相关关系。关系绩效和创新绩效的相关系数为 0.693（$p<0.01$）。这说明关系绩效的提升可以促进创新绩效的提高（表 3-30）。

**表 3-30　核心企业领导力与网络协调、知识共享、联盟绩效的相关性分析矩阵**

| 自变量 | | 核心企业领导力 | 网络协调 | 知识共享 | 关系绩效 | 创新绩效 |
|---|---|---|---|---|---|---|
| 核心企业领导力 | Pearson 相关性 | 1.000 | | | | |
| | 显著性（双侧） | | | | | |
| 网络协调 | Pearson 相关性 | 0.702** | 1.000 | | | |
| | 显著性（双侧） | 0.000 | | | | |
| 知识共享 | Pearson 相关性 | 0.469 | 0.663** | 1.000 | | |
| | 显著性（双侧） | 0.000 | 0.000 | | | |
| 关系绩效 | Pearson 相关性 | 0.707** | 0.702** | 0.793** | 1.000 | |
| | 显著性（双侧） | 0.000 | 0.000 | 0.000 | | |
| 创新绩效 | Pearson 相关性 | 0.708** | 0.752** | 0.783** | 0.693** | 1.000 |
| | 显著性（双侧） | 0.000 | 0.000 | 0.000 | 0.000 | |

**表示在 0.01 水平（双侧）上显著相关

## 4. 核心企业领导力对创新能力的作用路径

本节最终用结构方程模型（SEM）来研究变量间的交互关系，尤其是核心企业领导力、知识聚合、网络创新能力之间的直接影响、间接影响的强度需要借助 SEM 来体现。

SEM 的统计分析过程包含以下步骤，具体流程见图 3-10。

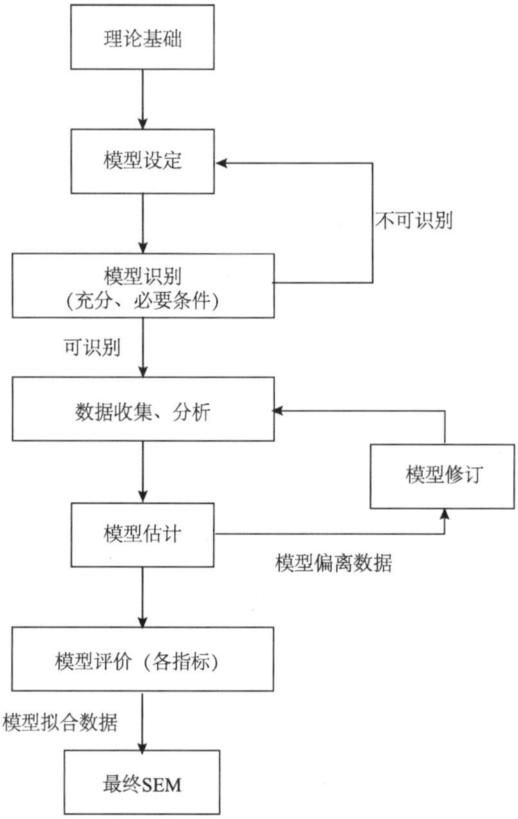


图 3-10 结构方程模型分析过程

关于 SEM 数据分析对样本量的要求，学术界曾进行了多次探究，比较受认同的是 Boomsma（1985）的研究观点。他认为，样本量大于 100 个即可以应用 SEM 进行数据分析，不过当样本量在 200 个以上时，相关矩阵才更稳定，分析结果的可信度较高。

评价 SEM 拟合好坏要依赖一系列相关指标，主要有 $\chi^2/df$、$p$、RMR、GFI、AGFI、NFI、TLI、CFI、RMSEA、PNFI、PCFI 等，各指标的参考值如表 3-31 所示。

当模型拟合完成以后，根据拟合度指标进行评判，如果不完全满足要求，则需要对模型加以修订，重新进行拟合评价。首先，可以改变变量的测量模型；其次，可以增加新的路径，增加依据是显著性的结构参数；同理，可以减少原有的不显著路径；此外，还可以修改与误差项相关指标或限制某些结构参数。

SEM 的操作主要借助相关软件，通过计算机分析来完成，目前，较为常用的软件有 LISREL 和 AMOS 两种。本书采用 AMOS 22.0 来完成本书的数据分析。

**表 3-31 整体模型拟合度指标**

| 拟合指标 | 指标参考值 |
|---|---|
| $\chi^2/df$ | 小于 5 可以接受；小于 3 拟合很好 |
| $p$ | 大于 0.05 表示观测数据与模型之间不存在显著差异 |
| GFI | 0～1；大于 0.8 可以接受，大于 0.9 拟合较好 |
| AGFI | 0～1；大于 0.8 可以接受，大于 0.9 拟合较好 |
| NFI | 0～1；大于 0.8 可以接受，大于 0.9 表示模型拟合较好 |
| TLI | 0～1；大于 0.8 可以接受，大于 0.9 表示模型拟合较好 |
| CFI | 0～1；大于 0.8 可以接受，大于 0.9 拟合较好 |
| RMR | 0～0.1 好的拟合；小于 0.05 非常好的拟合；小于 0.01 非常出色的拟合 |
| RMSEA | 0～0.1 好的拟合；小于 0.05 非常好的拟合；小于 0.01 非常出色的拟合 |
| C.R. | 大于 1.96 在 0.05 水平上显著；大于 2.58 在 0.01 水平上显著；大于 3.29 在 0.001 水平上显著 |
| PNFI | 0～1；数值越大表明模型具有越好的简约度 |
| PCFI | 0～1；数值越大表明模型具有越好的简约度 |

本节采用 SEM 分析变量间的整体影响关系，探索中介变量的效应情况。

1）初始结构方程模型检验

采用 AMOS 22.0 构建了核心企业领导力、知识聚合与网络创新能力之间的结构方程模型，初始运行结果如图 3-11 所示。

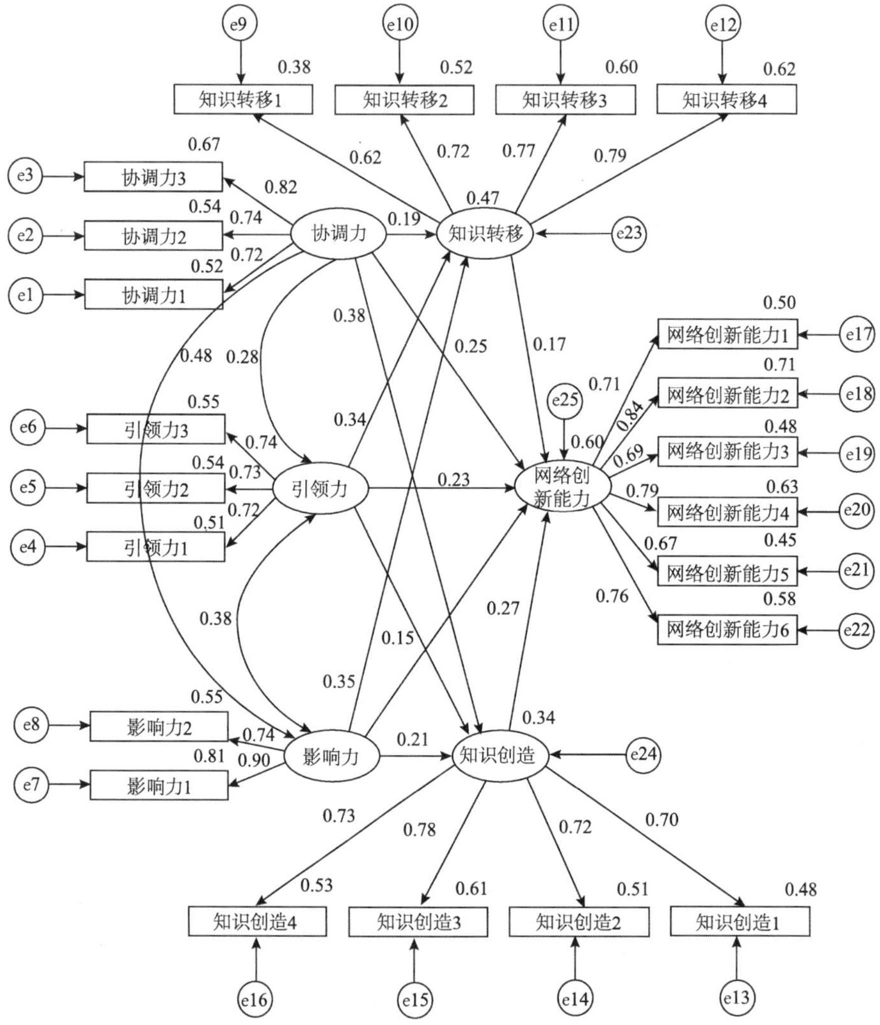


图 3-11 初始结构方程模型

初始结构方程模型的拟合指数见表 3-32。可以看出，$\chi^2/df$=1.230<3，$p$=0.056>0.05，RMR=0.055<0.1，RMSEA=0.029<0.05；GFI=0.927，AGFI=0.905，NFI=0.915，TLI=0.979，CFI=0.983，均大于 0.9，相关指标均满足要求，模型拟合效果比较理想。

当 $p<0.001$ 时，表示对应的变量间关系非常显著，假设路径与其对应假设关系均成立；当 $p<0.01$ 时，表示对应的变量间关系比较显著，假设路径与其对应假设关系均成立；当 $p<0.05$ 时，表示对应的变量间关系的显著性比较弱，假设路径与其对应假设部分成立；当 $p>0.1$ 时，表示对应变量间关系不显著，假设路径与其对应假设均不成立。

**表 3-32　初始结构方程模型的拟合评价指数**

| $\chi^2/df$ | $\chi^2$ | $df$ | $p$ | RMR | GFI | AGFI | NFI | TLI | CFI | RMSEA |
|---|---|---|---|---|---|---|---|---|---|---|
| 1.230 | 239.769 | 195 | 0.056 | 0.055 | 0.927 | 0.905 | 0.915 | 0.979 | 0.983 | 0.029 |

根据上述原则，参照初始结构方程模型的标准化路径系数，得出假设检验结果，见表 3-33。由于影响力对网络创新能力的显著性水平为 $p=0.127>0.1$，引领力对知识创造的显著性水平为 $p=0.152>0.1$，说明对应变量间关系不显著，相关假设与路径关系验证未通过。此外，其他变量间关系的显著性水平均在标准范围内，对应假设检验均通过。即假设 H1-1c，H1-3b 未通过，其余假设检验均通过。

**表 3-33　初始结构方程模型的标准化路径系数及假设检验结果**

| 因子载荷路径 | 标准化路径系数 | C.R. | $p$ | 对应假设 | 假设结果 |
|---|---|---|---|---|---|
| 网络创新能力←协调力 | 0.25 | 3.356 | *** | H1-1a | 通过 |
| 网络创新能力←引领力 | 0.23 | 3.301 | *** | H1-1b | 通过 |
| 网络创新能力←影响力 | 0.27 | 1.525 | 0.127 | H1-1c | 未通过 |
| 知识转移←协调力 | 0.19 | 2.456 | 0.014 | H1-2a | 通过 |
| 知识转移←引领力 | 0.34 | 4.211 | *** | H1-2b | 通过 |
| 知识转移←影响力 | 0.25 | 4.067 | *** | H1-2c | 通过 |
| 知识创造←协调力 | 0.38 | 4.402 | *** | H1-3a | 通过 |
| 知识创造←引领力 | 0.15 | 1.941 | 0.152 | H1-3b | 未通过 |
| 知识创造←影响力 | 0.21 | 2.495 | 0.013 | H1-3c | 通过 |
| 网络创新能力←知识转移 | 0.17 | 2.156 | 0.031 | H1-4a | 通过 |
| 网络创新能力←知识创造 | 0.27 | 3.838 | *** | H1-4b | 通过 |

***表示 $p<0.001$

2）模型的修正与检验

根据初始分析结果，发现理论模型与研究数据的适配度还需要适当调整。因此，为了更好地验证研究变量间的关系，本书根据修正规则，对结构方程模型开展了适当修正。修正的原则为去掉之前不成立的假设，即删去初始结构方程模型中影响力与网络创新能力，引领力与知识创造之间的关系路径。修正后的结构方程模型路径图如图 3-12 所示。

修正后的 SEM 相关拟合指数见表 3-34。可以看出，$\chi^2/df$=1.197<3，$p$=0.531>0.05，RMR=0.060<0.1，RMSEA=0.027<0.05；GFI=0.927，AGFI=0.906，NFI=0.916，TLI=0.982，CFI=0.985，均大于 0.9，所有指标均满足要求，拟合效果比较理想。

**表 3-34　修正后结构方程模型的拟合评价指数**

| $\chi^2/df$ | $\chi^2$ | $df$ | $p$ | RMR | GFI | AGFI | NFI | TLI | CFI | RMSEA |
|---|---|---|---|---|---|---|---|---|---|---|
| 1.197 | 234.606 | 196 | 0.531 | 0.060 | 0.927 | 0.906 | 0.916 | 0.982 | 0.985 | 0.027 |

修正后的 SEM 检验结果见表 3-35。根据表中数据，修正后模型的各项评价指标数值均在合理的范围内，说明修正后的模型能很好地与分析数据拟合，具有实际的研究价值和意义。通过表 3-35 和图 3-12 的研究结果可以看到，H1-1a，H1-1b，H1-2a，H1-2b，H1-2c，H1-3a，H1-3c，H1-4a，H1-4b 得到了进一步验证。

**表 3-35　修正后模型的标准化路径系数及假设检验结果**

| 因子载荷路径 | 标准化路径系数 | C.R. | $p$ | 对应假设 | 假设结果 |
|---|---|---|---|---|---|
| 网络创新能力←协调力 | 0.27 | 3.597 | *** | H1-1a | 通过 |
| 网络创新能力←引领力 | 0.25 | 3.517 | *** | H1-1b | 通过 |
| 知识转移←协调力 | 0.19 | 2.414 | 0.016 | H1-2a | 通过 |
| 知识转移←引领力 | 0.33 | 4.105 | *** | H1-2b | 通过 |
| 知识转移←影响力 | 0.36 | 4.088 | *** | H1-2c | 通过 |
| 知识创造←协调力 | 0.38 | 4.354 | *** | H1-3a | 通过 |
| 知识创造←影响力 | 0.28 | 3.359 | *** | H1-3c | 通过 |

续表

| 因子载荷路径 | 标准化路径系数 | C.R. | $p$ | 对应假设 | 假设结果 |
|---|---|---|---|---|---|
| 网络创新能力←知识转移 | 0.21 | 2.807 | 0.005 | H1-4a | 通过 |
| 网络创新能力←知识创造 | 0.31 | 4.366 | *** | H1-4b | 通过 |

***表示 $p$<0.001

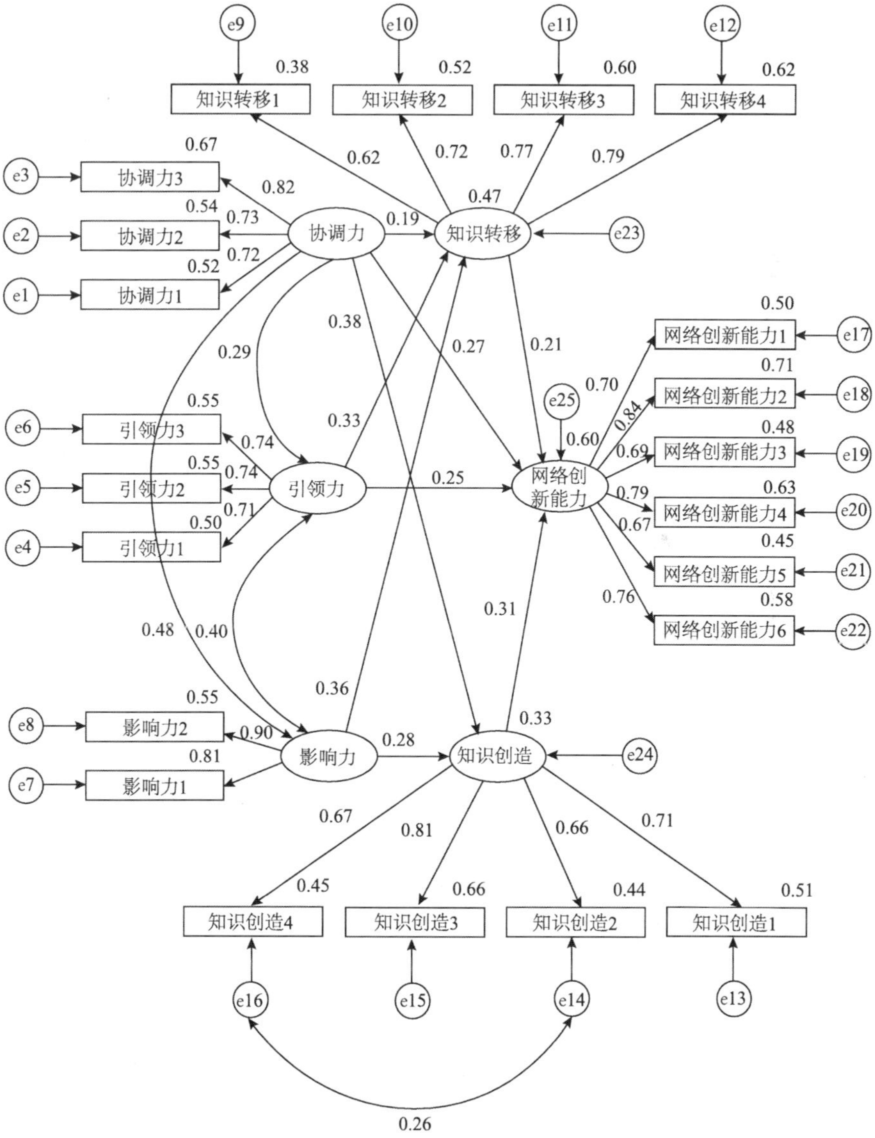


图 3-12 修正后的结构方程模型

3）变量间的影响效果分析

本节研究的研究目的之一是分析知识聚合在核心企业领导力与网络创新能力之间的中介影响。根据结构方程模型分析结果，得出核心企业领导力、知识聚合与网络创新能力各维度间的影响效应及其标准化路径系数。

根据实证检验可知：H1-1c 不成立，即影响力对网络创新能力的正相关作用不显著，在图中表现为影响力与网络创新能力之间没有关联路径与标准化路径系数；同理，H1-3b 不成立，即引领力对知识创造的正相关作用不显著，在图中表现为引领力与知识创造之间没有关联路径与标准化路径系数。其余各变量维度之间相关作用都成立，路径关联及路径系数见图 3-13。

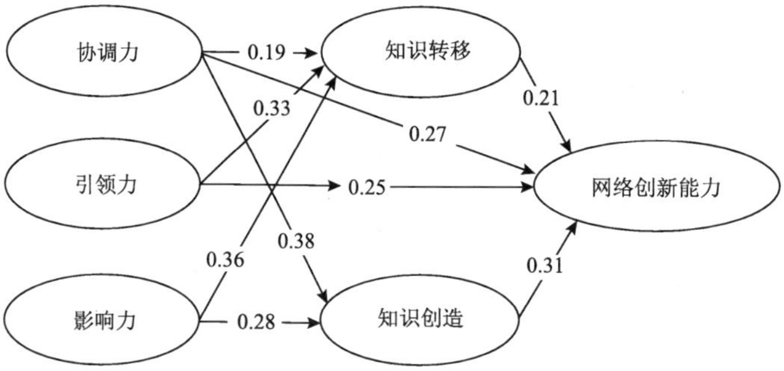


图 3-13　修正后模型中各变量的标准化路径系数

变量间的影响包括三部分：首先是直接影响（C1），指的是变量相互间的直接影响效果；其次是间接影响（C2），指的是在自变量作用于因变量的过程中，第三个变量所起的影响；最后是总影响（C），它是间接影响与直接影响之和，即 C=C1+C2。

根据最终的标准化路径系数，结合自变量、中介变量以及因变量间的相互关系，本书计算了直接影响、间接影响和总影响的比重值，详细数据见表 3-36。

**表 3-36 各变量对网络创新能力的影响分析**

| 因变量 | 自变量 | 直接影响（C1） | 间接影响（C2） | | 总影响（C） |
|---|---|---|---|---|---|
| | | | 知识转移 | 知识创造 | |
| 网络创新能力 | 协调力 | 0.271 | 0.040 | 0.120 | 0.431 |
| | 引领力 | 0.250 | 0.070 | — | 0.320 |
| | 影响力 | — | 0.077 | 0.087 | 0.164 |

协调力对网络创新能力的直接影响是 0.271，间接影响是 0.040+0.120=0.160，总影响是 0.271+0.160=0.431，协调力对网络创新能力产生显著的正相关影响。

引领力对网络创新能力的直接影响是 0.250，通过知识转移对网络创新能力的间接影响是 0.070，知识创造在引领力作用于网络创新能力上的间接影响不成立，因此，引领力对网络创新能力总影响为 0.320，即知识转移在引领力对网络创新能力的作用中起不完全的间接作用；知识创造未起到间接影响。

影响力对网络创新能力没有直接影响，通过知识转移和知识创造对网络创新能力的间接影响为 0.077+0.087=0.164，总影响也是 0.164，即知识转移与知识创造在影响力对网络创新能力的作用中起到了完全间接影响。

### 5. 核心企业领导力对联盟绩效的作用路径

1）初始结构方程模型检验

本部分模型的参数检验主要以载荷系数和 $p$ 值作为衡量标尺，并利用绝对拟合指数、简约拟合指数和相对拟合指数三个方面对模型拟合程度进行评价，并对理论假设的正确与否进行判断。经初步分析得到结构方程模型的路径结果和整体适配度指标结果如图 3-14 和表 3-37、表 3-38 所示。

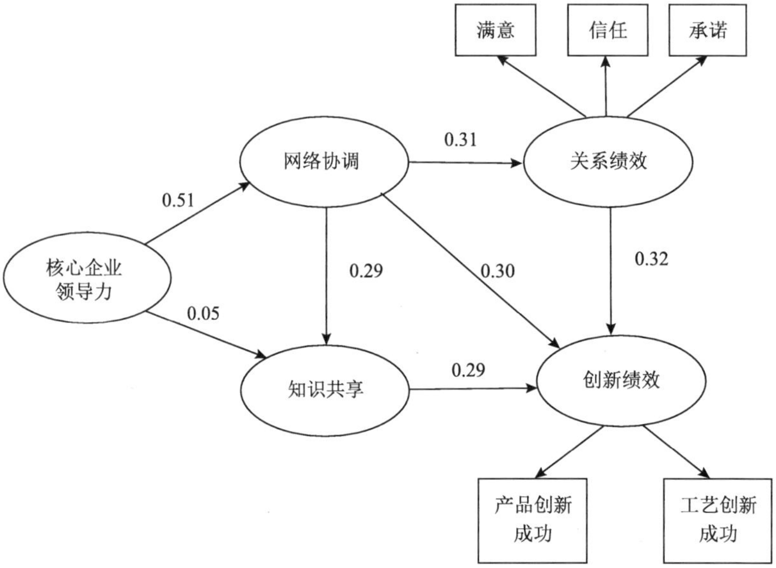


图 3-14　模型路径系数估计值

**表 3-37　回归系数及其显著性检验摘要表**

| 因子载荷路径 | Estimate | S.E. | C.R. | *p* |
|---|---|---|---|---|
| 网络协调←核心企业领导力 | 0.51 | 0.046 | 9.474 | *** |
| 知识共享←核心企业领导力 | 0.05 | 0.070 | 0.771 | 0.441 |
| 关系绩效←网络协调 | 0.31 | 0.082 | 3.457 | *** |
| 创新绩效←知识共享 | 0.29 | 0.060 | 4.989 | *** |
| 知识共享←网络协调 | 0.29 | 0.081 | 4.283 | *** |
| 创新绩效←网络协调 | 0.30 | 0.082 | 3.457 | *** |
| 创新绩效←关系绩效 | 0.32 | 0.081 | 4.334 | *** |

***表示 $p<0.001$

**表 3-38　结构方程模型的整体适配度指标初始检验结果**

| 拟合指数 | $\chi^2$ | *df* | *p* | $\chi^2/df$ | GFI | AGFI | CFI | NFI |
|---|---|---|---|---|---|---|---|---|
| 初始结构方程模型 | 172.804 | 128 | 0.431 | 1.350 | 0.989 | 0.948 | 0.983 | 0.997 |

从表 3-38 可以看到，初始结构方程模型的卡方统计量 $\chi^2$=172.804，$\chi^2/df$=1.350，$p$=0.431>0.05，其他各项拟合度指标也都在标准范围内，说明该模型与实际收集的数据能够很好地契合。当路径系数的显著性水平 $p$<0.001 时，表明路径关系非常显著，路径及假设均成立；当路径系数的显著性水平 $p$<0.01 时，表明路径关系显著，路径及假设均成立；当路径系数的显著性水平 $p$<0.05 时，认为路径关系弱显著，路径及假设部分成立；当路径系数的显著性水平 $p$>0.1 时，表明路径关系不显著，路径及假设都不成立。从图 3-14 和表 3-37 可以看到核心企业领导力→知识共享的路径没有显著关系，说明假设 H2-2 不成立，其余假设均成立。经过对结构方程模型的初步分析，得到理论假设的初步分析结果如表 3-39 所示，除了假设 H2-2 不成立，其余假设都得到支持，即核心企业领导力对联盟内部知识共享没有产生直接的正向影响。

**表 3-39　初始结构方程模型的理论假设分析结果**

| 因子载荷路径 | 路径系数 | $p$ | $t$ 值（>1.96） | 结论 |
|---|---|---|---|---|
| 核心企业领导力→网络协调 | 0.51 | *** | 9.474 | 支持 |
| 核心企业领导力→知识共享 | 0.05 | 0.441 | 0.771 | 不支持 |
| 网络协调→关系绩效 | 0.31 | *** | 3.457 | 支持 |
| 知识共享→创新绩效 | 0.29 | *** | 4.989 | 支持 |
| 网络协调→知识共享 | 0.29 | *** | 4.283 | 支持 |
| 网络协调→创新绩效 | 0.30 | *** | 3.457 | 支持 |
| 关系绩效→创新绩效 | 0.32 | *** | 4.334 | 支持 |

***表示 $p$<0.001

2）结构方程模型的修正和检验

根据结构方程模型的初始分析结果，我们发现假设理论模型与观察数据的适配度不佳，并且还存在明显不成立的假设，为了更好地完善本研究，我们对原始模型进行了修正，去掉不成立的假设，得到修正后的结构方程模型路径图如图 3-15 所示，修正后的结构方程模型路径图整体拟合度较好。表 3-40 为修正后的结构方程模型整体适配度指标结果，表 3-41 为修正后回归系数及其显著性检验摘要表。

**表 3-40　修正后的结构方程模型整体适配度指标结果**

| 拟合指数 | $\chi^2$ | $df$ | $p$ | $\chi^2/df$ | GFI | AGFI | CFI | NFI |
|---|---|---|---|---|---|---|---|---|
| 修正模型 | 172.815 | 133.6 | 0.445 | 1.294 | 0.989 | 0.949 | 0.984 | 0.997 |

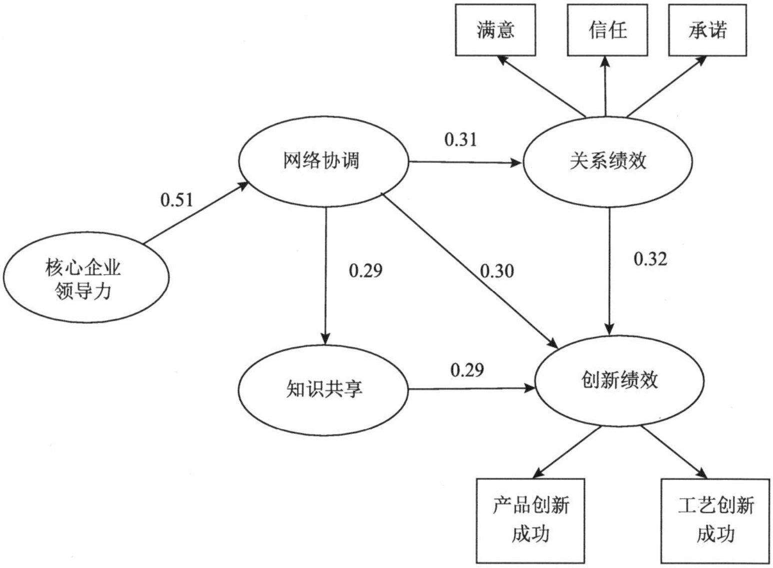


图 3-15　修正后的模型路径系数估计值

**表 3-41　修正后回归系数及其显著性检验摘要表**

| 因子载荷路径 | Estimate | S.E. | C.R. | $p$ |
|---|---|---|---|---|
| 网络协调←核心企业领导力 | 0.51 | 0.046 | 9.474 | *** |
| 关系绩效←网络协调 | 0.31 | 0.082 | 3.471 | *** |
| 创新绩效←知识共享 | 0.29 | 0.060 | 4.990 | *** |
| 知识共享←网络协调 | 0.29 | 0.081 | 4.283 | *** |
| 创新绩效←网络协调 | 0.30 | 0.082 | 3.468 | *** |
| 创新绩效←关系绩效 | 0.32 | 0.081 | 4.347 | *** |

***表示 $p<0.00$

通过以上分析，我们对剔除不支持理论假设后的剩余理论假设进行了进一步的检验，得到的结果如表 3-42 所示。

**表 3-42 修正后结构方程模型的理论假设分析结果**

| 因子载荷路径 | 路径系数 | $p$ | $t$值（>1.96） | 结论 |
|---|---|---|---|---|
| 核心企业领导力→网络协调 | 0.51 | *** | 9.474 | 支持 |
| 网络协调→关系绩效 | 0.31 | *** | 3.471 | 支持 |
| 知识共享→创新绩效 | 0.29 | *** | 4.990 | 支持 |
| 网络协调→知识共享 | 0.29 | *** | 4.283 | 支持 |
| 网络协调→创新绩效 | 0.30 | *** | 3.468 | 支持 |
| 关系绩效→创新绩效 | 0.32 | *** | 4.347 | 支持 |

***表示 $p<0.001$

由表 3-40 的结果看到，修正后的结构方程模型的各项评价指标都在规定的范围内，说明修正后的模型与实际数据能够很好地适配，具有实际研究意义。而从图 3-15 的路径结果以及表 3-42 的结果可以看到，假设 H2-1 以及 H2-3～H2-7 都得到了进一步的验证，假设成立。总体来说，假设 H2-1 以及 H2-3～H2-7 都得到了支持，提出的假设得到了验证。

### 6. 本节小结

本节运用 SPSS 22.0 与 AMOS 22.0 对调研数据进行详细分析，包括量表的信度和效度分析，变量间的相关性分析，以及结构方程模型分析。对初始结构方程模型修正后，得出最终的结构方程模型，本节的实证分析结果如表 3-43 所示。

**表 3-43 假设检验结果汇总表**

| 假设序号 | 假设内容 | 检验结果 |
|---|---|---|
| H1-1a | 协调力对网络创新能力具有正相关作用 | 通过 |
| H1-1b | 引领力对网络创新能力具有正相关作用 | 通过 |

续表

| 假设序号 | 假设内容 | 检验结果 |
| --- | --- | --- |
| H1-1c | 影响力对网络创新能力具有正相关作用 | 未通过 |
| H1-2a | 协调力对知识转移具有正相关作用 | 通过 |
| H1-2b | 引领力对知识转移具有正相关作用 | 通过 |
| H1-2c | 影响力对知识转移具有正相关作用 | 通过 |
| H1-3a | 协调力对知识创造具有正相关作用 | 通过 |
| H1-3b | 引领力对知识创造具有正相关作用 | 未通过 |
| H1-3c | 影响力对知识创造具有正相关作用 | 通过 |
| H1-4a | 知识转移对网络创新能力具有正相关作用 | 通过 |
| H1-4b | 知识创造对网络创新能力具有正相关作用 | 通过 |
| H2-1 | 技术创新战略联盟中核心企业领导力对联盟内网络关系协调产生正向影响 | 通过 |
| H2-2 | 技术创新战略联盟中核心企业领导力对联盟内网络知识共享产生正向影响 | 未通过 |
| H2-3 | 网络关系协调对技术创新战略联盟关系绩效产生正向影响 | 通过 |
| H2-4 | 知识共享与联盟创新绩效具有正向相关关系 | 通过 |
| H2-5 | 网络关系协调对技术创新战略联盟知识共享具有正向促进作用 | 通过 |
| H2-6 | 网络关系协调对技术创新战略联盟创新绩效产生正向影响 | 通过 |
| H2-7 | 战略联盟关系绩效对创新绩效产生正向影响 | 通过 |

# 第四章

# 核心企业领导力对网络关系的影响

# 第一节 概念界定

本书已经对核心企业领导力进行了界定，本节主要对权力及网络关系两个变量进行明确的定义。

## 1.权力

权力是一个多元化词项，被普遍使用到渠道管理、政治学等领域。根据资源依赖理论，Ireland 和 Webb（2007）认为，核心企业在战略供应链中的权力主要表现在它能通过对其他企业施加影响来实现自己的利益。

权力产生的根源是创新网络中成员对于稀缺资源的依赖。本书将权力定义为创新网络中核心企业迫使网络成员不得不按照自己意愿改变行为的能力，涵盖合法权力、强迫权力、奖赏权力。必须特别指出的是，本书描述的权力主要指网络中核心企业对网络成员的支配力和控制力。

## 2. 网络关系

学术界尝试过用各种各样的概念来界定网络关系，但是网络关系是一个广义的概念，包含许多层面的内容，难以概括。根据资源依赖理论，创新网络是一个动态的环境，成员之间相互依赖，并存在一定范围的资源交换关系，这种交换的过程就会促成网络关系的生成。本书认为，网络关系为创新网络成员间的一种信息共享、利益共享、风险共担的长期的、稳定的合作伙伴关系（叶飞等，2009）。网络关系包括信任与合作。

信任是在风险存在的情况下双方仍然可以相互依赖的一种信心（Menberu，2002）；合作是与有相同目标和兴趣的一方一起进行的所有活动（Young and Wilkinson，1998）。

# 第二节　模型构建

## 一、理论模型

丰田汽车公司（简称丰田）的供应链管理模式，被誉为一套帮助工人持续提高自己工作效率的工具。丰田采用的方式是与所有合作伙伴共同协作，不以压榨供应商的利润空间为手段获得利益，提供跨职能团队帮助供应商发现问题和解决问题，寻找削减成本的机会。丰田同时让供应商在一定时间内可以保留部分利润，与供应商保持一致的目标，使供应链上的全部成员都有可能从合作中赢利，从而能与供应商建立持久、良好的合作关系。作为核心企业，丰田充分利用其影响力、协调力、引领力使网络组织实现协同效应，并使网络组织间的企业维持良久的网络关系。

本章旨在探究创新网络中核心企业领导力、权力和网络关系三者之间的关系，根据文献综述及企业实践案例可知，核心企业领导力、权力与网络关系间的确有一定的相关关系。同时本书认为，核心企业领导力与权力是两种不同的能力，权力对核心企业领导力与网络关系之间的关系存在一定的调节作用（图 4-1）。

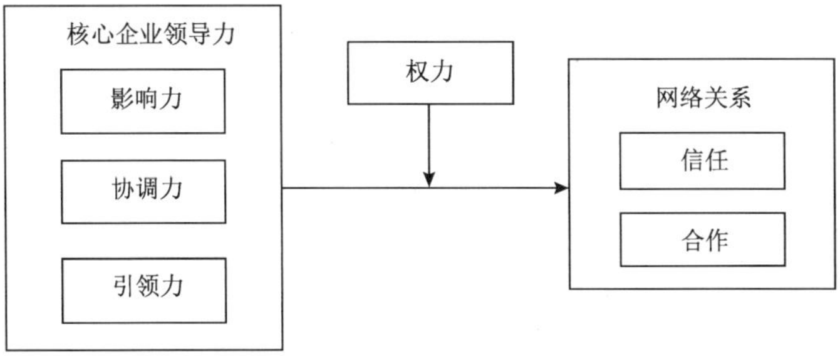


图 4-1　核心企业领导力与网络关系理论模型图

## 二、假设提出

### 1. 核心企业领导力与网络关系

1）核心企业领导力与信任的关系

核心企业领导力对网络关系产生正向影响，核心企业领导力的恰当使用可以促进网络关系保持更好的状态。马士华（2000）提出核心企业影响力是供应链延伸和发展的最重要的因素，核心企业影响力会直接影响战略伙伴合作关系。徐碧琳和李涛（2011）认为，成员在核心企业领导力的影响中更能够有效地处理矛盾,从而促进组织合作的持续与稳定，核心企业领导力会对成员间的信任产生积极影响。信任是网络中成员间的一种期许，即相信网络成员不会伤害自己的利益，相信网络成员不可能采取机会主义行为。良好的信任氛围有利于网络间的知识共享和信息共享，可以带动网络成员创新、学习能力的提高，能够提高网络成员心理安全水平。核心企业处于网络的中心位置，能够促进彼此的相互信任和合作，至于核心企业如何促进网络中企业间的信任，就需要核心企业充分利用其在网络中的技术核心与能力核心的位置，发挥其影响力、引领力、协调力的作用。我们认为，供应链网络中成员间的合作需要通过彼此间的信任进行维系，构建信任关系是发展良性合作关系的重要条件。核心企业凭着其影响力把控创新网络成员的行为标准，影响其行为方式，保障创新网络成员可以共担风险损失，保障这种信任关系的持久存在。核心企业引领力可以引领创新网络中成员间进行信息共享、利益共享、协同发展，一起创造信任氛围，避免机会主义和道德风险；核心企业协调力可以协调创新网络成员间关系，避免冲突，解决矛盾，在提高网络信任度的同时，促进网络成员间的合作朝着稳定、良性的方向前进。

根据已有研究的支持及理论分析，本书提出如下假设（图 4-2）：

H3-1a：核心企业影响力对创新网络成员间的信任产生积极影响；

H3-1b：核心企业协调力对创新网络成员间的信任产生积极影响；

H3-1c：核心企业引领力对创新网络成员间的信任产生积极影响。

2）核心企业领导力与合作的关系

李春发等（2014）表明，生态产业共生网络（eco-industrial symbiosis network，EISN）中核心企业可以施展影响力、控制力和引领力来调和企业间关系，因此对关系质量具有正向作用。吴军等（2006）表示，供应链是一个以核心企业为“原子核”的网链结构，该“原子核”可以吸引一些“卫星”企业在它周围，核心企业影响力的高低程度在比较大的水平上定夺了供应链运营的质量及供应链的核心竞争力。Boyd（1990）在研究中认为，不确定性及组织间的联系都会随着环境的不断变化而逐渐增强，并且组织会全力加强合作以适应所在的环境，保障自己的成长与生存可以获取稀缺性资源。从 Adler（2012）的研究中可知，领导力是推进组织合作的重要因素，因此核心企业可以管制、引导、带领、影响创新网络成员的行为，核心企业领导力可促进创新网络成员间的合作，并带动网络绩效的增加。本书认为，核心企业领导力能对创新网络成员间的合作产生积极影响。核心企业拥有技术开发优势与市场占有率，根据资源依赖理论，创新网络中其他企业会因为核心企业拥有的独特资源而与其合作，以实现自身的发展。因此，核心企业影响力可以吸引创新网络成员间产生合作行为，核心企业引领力能够引导网络成员形成规范、良性的合作方式；核心企业协调力可以协调网络成员的合作关系，增强合作的稳定性。

根据已有研究的支持及理论分析，本书提出如下假设（图 4-2）：

H3-2a：核心企业影响力对创新网络成员间的合作产生积极影响；

H3-2b：核心企业协调力对创新网络成员间的合作产生积极影响；

H3-2c：核心企业引领力对创新网络成员间的合作产生积极影响。

## 2. 权力在核心企业领导力与网络关系间的调节作用

1）权力在核心企业领导力与信任间的调节作用

网络权力主体即核心企业，由于其本身享有对创新网络的操纵控制权，从而影响了与之合作的企业行为，使网络权力集中于核心企业（Pfeffer and Salancik, 2003）。Boyle 等（1992）在零售行业的研究表明，权力的强制性会使零售商由于被供应商逼迫着行动而丧失独立决策的能力，因此零售商会不愿继续和供应商合作。网络成员在网络关系间的信任必然会受到各种类型的权力的使用的影响。权力作为核心企业拥有的一种具有强制性的能力，对网络关系产生重要的影响，权力使用不当会破坏网络成员间的信任，从而使网络成员间的合作破裂。我国学者霍宝锋等（2013）研究了权力与承诺的关系，结果显示，强制权力越强，规范性承诺越弱，工具性承诺会随着专家权力和奖赏权力的提高而加强，信任与承诺总是相辅相成和共同进退的。据此我们也可以判断，强制权力越强，成员间信任越弱。Ireland 和 Webb（2007）探讨了权力和信任之间的关系，表示企业间存在的权力差异会使强势企业利用其拥有的机会进行机会主义行为，这种机会主义行为必然会损害网络成员间的信任。宋华（2009）对手机分销行业进行了问卷调查，认为信任有利于网络成员间的有效沟通及冲突解决，权力的使用会降低忠诚度及关系黏性。

据此，本书提出如下假设（图 4-2）：

H3-3a：权力对核心企业影响力与信任的正向关系有削弱作用，即使用的权力越多，核心企业影响力与信任的正向相关性越弱；

H3-3b：权力对核心企业协调力与信任的正向关系有削弱作用，即使用的权力越多，核心企业协调力与信任的正向相关性越弱；

H3-3c：权力对核心企业引领力与信任的正向关系有削弱作用，即使用的权力越多，核心企业引领力与信任的正向相关性越弱。

2）权力在核心企业领导力与合作间的调节作用

谢永平等（2012a）表示网络权力的使用可以促进网络结构的优化、约束网络成员行为、协调网络关系，从而积极影响创新网络的运行。邵理辰（2012）指出网络权力会正向影响创新绩效，核心企业可以通过位置权力影响成员的创新行为，提高网络凝聚力。党兴华和刘立（2014）认为核心企业的权力是缓缓加强的，核心企业在集群中可以通过占据丰厚的资源以保障企业竞争优势。吴松强等（2017）从权力来源的角度提出权力包含知识权力、地位权力、感召权力，通过实证研究分析得出核心企业的权力正向作用于网络中的合作活动。核心企业权力使用的过程会对合作关系产生积极影响，协调网络的运行。蒋晓荣和田爽（2016）在实证研究中提出强制性权力会对企业间的信任与合作产生消极影响，同时证明信任会削弱强制性权力对合作绩效的影响，但是在他们的研究中并没有明确得出强制性权力与合作绩效间的关系。根据学者普遍的研究结果，我们判断强制性权力越高，合作绩效越低。孙国强等（2016）从社会网络视角通过探索性案例分析对网络权力配置与合作行为间的关系进行了探讨，研究结果表明核心节点拥有更多的权力，能够使非核心节点企业按照它的要求采取行动从而实现它的利益，非核心节点企业为了改变这一现状会采取一定措施进行反抗以获得更公平的待遇。国内外学者的研究均表明权力对网络关系有一定影响，核心企业拥有核心能力，核心企业领导力是其拥有的一种非强制性能力。但是它在创新网络中不会只拥有一种能力。权力就是核心企业在占有和控制稀缺资源的过程中所拥有的强制性能力。在核心企业领导力对网络关系的作用过程中，权力必然会对两者的关系产生影响，并且是一把双刃剑。当核心企业过度地使用强制性权力时，压制一方的自由行为，迫使其遵守自己的意志采取行动，受压迫一方会认定其为机会主义行为，产生反抗行为，从而削弱核心企业领导力对网络成员间合作关系的引导、促成作用，抑制合作关系的建立与持续。权力的适当使用也可以通过约束网络成员的行为强化核心企业领导力对网络成员的示范作用及对合作关系的推动、协调作用。

据此，本书提出如下假设（图 4-2）：

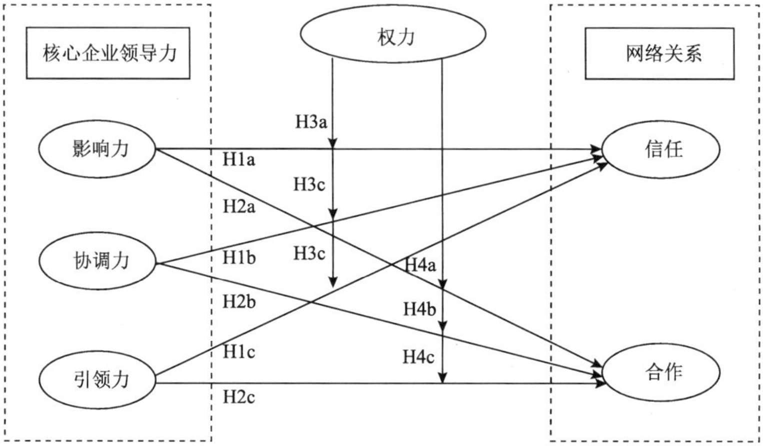


图 4-2　核心企业领导力与网络关系研究假设模型

H3-4a：权力对核心企业影响力与合作的正向关系有调节作用，使用适度的权力会强化核心企业影响力与合作的正向关系，使用过度的权力会弱化核心企业影响力与合作的正向关系；

H3-4b：权力对核心企业协调力与合作的正向关系有调节作用，使用适度的权力会强化核心企业协调力与合作的正向关系，使用过度的权力会弱化核心企业协调力与合作的正向关系；

H3-4c：权力对核心企业引领力与合作的正向关系有调节作用，使用适度的权力会强化核心企业引领力与合作的正向关系，使用过度的权力会弱化核心企业引领力与合作的正向关系。

## 三、假设汇总

根据本章的分析，研究假设汇总见表 4-1。

表 4-1　核心企业领导力与网络关系间的假设汇总

| 假设序号 | 假设内容 |
|---|---|
| H3-1a | 核心企业影响力对创新网络成员间的信任产生积极影响 |
| H3-1b | 核心企业协调力对创新网络成员间的信任产生积极影响 |
| H3-1c | 核心企业引领力对创新网络成员间的信任产生积极影响 |
| H3-2a | 核心企业影响力对创新网络成员间的合作产生积极影响 |
| H3-2b | 核心企业协调力对创新网络成员间的合作产生积极影响 |
| H3-2c | 核心企业引领力对创新网络成员间的合作产生积极影响 |
| H3-3a | 权力对核心企业影响力与信任的正向关系有削弱作用，即使用的权力越多，核心企业影响力与信任的正向相关性越弱 |
| H3-3b | 权力对核心企业协调力与信任的正向关系有削弱作用，即使用的权力越多，核心企业协调力与信任的正向相关性越弱 |
| H3-3c | 权力对核心企业引领力与信任的正向关系有削弱作用，即使用的权力越多，核心企业引领力与信任的正向相关性越弱 |
| H3-4a | 权力对核心企业影响力与合作的正向关系有调节作用，使用适度的权力会强化核心企业影响力与合作的正向关系，使用过度的权力会弱化核心企业影响力与合作的正向关系 |
| H3-4b | 权力对核心企业协调力与合作的正向关系有调节作用，使用适度的权力会强化核心企业协调力与合作的正向关系，使用过度的权力会弱化核心企业协调力与合作的正向关系 |
| H3-4c | 权力对核心企业引领力与合作的正向关系有调节作用，使用适度的权力会强化核心企业引领力与合作的正向关系，使用过度的权力会弱化核心企业引领力与合作的正向关系 |

# 第三节　实证研究设计与分析

## 一、实证研究设计

### （一）问卷设计

本章依然选择调查问卷作为研究工具。为保证测量量表的科学性与权威性，本书将尽可能地利用已开发好的、经过学术界检验的变量测量方法，结合本书的研究环境进行适当调整。

本章最后编制的正式的调查问卷包括四部分：第一部分为背景材料调查，第二部分为核心企业领导力的测量，第三部分为权力的测量，第四部分为网络关系的测量。关于测量的度量本书选取实证研究常用的利克特五级量表，最低值“1”代表“完全不同意”，最高值“5”代表“完全同意”。

### 1. 背景材料调查

背景材料调查是为了解调查样本现状。通过该部分可以明确被调查者所在企业的基本状况和被调查者个人状况。本章在第三章的基础上，对背景材料调查进行了修改，包含 5 个题项，即企业的规模、性质、年限、所属行业及被调查者的职务。由于考虑到对被调查者个人隐私的保护，本章的背景材料调查部分主要涉及的是被调查者企业的现状而非被调查者个人的状态。

### 2. 变量测量部分

变量测量部分总共包含三个研究变量，分为核心企业领导力的测量、权力的测量、网络关系的测量三个分量表，并且从六个一级指标方面设计题项，即协调力、引领力、影响力、权力、信任与合作。核心企业领导力的测量量表在前面的研究中已经进行了选择与阐述，因此本部分主要对权力与网络关系的测量量表进行设计。

1）权力的测量

权力具有强制性,本书关于权力的测量参照 Maloni 和 Benton( 2000 )、Zhao 等（2008）、蒋晓荣和田爽（2016）的量表设计了 3 个题项作为权力的测量指标（表 4-2）。

表 4-2　权力的测量量表

| 变量 | 维度 | 题项 |
| --- | --- | --- |
| 权力 | 合法权力 | 处于领导地位的合作伙伴可以在很多方面援引合同或法律要求我们服从 |
| | 强迫权力 | 如果我们没有顺从处于领导地位的合作伙伴的要求，他们有能力采取措施来减少我们的利润或撤销一些服务 |
| | 奖赏权力 | 如果我们服从处于领导地位的合作伙伴的要求，他们将会通过某些形式给予我们奖励 |

2）网络关系的测量

本书将网络关系分为信任与合作。信任与合作是最普遍的评定关系的指标，所以测量量表比较成熟，本书结合曾文杰和马士华（2011）、张金玉（2013）开发的测量量表设计了 4 个题项来评定信任；借鉴徐可等（2015）、廖成林等（2008）所使用的测量量表准备了 4 个题项来评定合作（表 4-3）。

表 4-3　网络关系的测量量表

| 变量 | 维度 | 题项 |
| --- | --- | --- |
| 信任 | 风险共担 | 我们认为在我们需要时合作伙伴会帮助我们 |
| | 信息共享 | 我们认为合作伙伴不会隐瞒，我们相信合作伙伴说的话 |
| | 相互依赖 | 我们认为合作伙伴会信守对我们的承诺 |
| | 利益共享 | 在做重大决定时，合作伙伴既考虑自身利益，也考虑我们的利益 |
| 合作 | 产品开发 | 我们通常与供应商、客户共同完成新产品开发的全过程 |
| | 市场推广 | 我们通常与供应商、客户共同开展新产品市场营销的推广活动 |
| | 业务流程 | 我们通常在业务流程设计方面与供应商、客户广泛开展合作 |
| | 生产计划 | 我们通常在预测与生产计划方面与供应商、客户广泛开展合作 |

## （二）样本选择与数据收集

### 1. 样本选择

本部分旨在研究核心企业领导力如何影响网络关系以及权力在其

中起到的作用。本书的研究基于创新网络中的核心企业及其他网络成员企业，因此在研究对象的选取上要选择在创新网络中工作的企业员工。

为了确保问卷的填写对象对企业的网络关系、网络管理现状有一定的了解，以保证数据的有效性，笔者主要选择企业各层管理者作为调研对象；同时在调研的过程中对性别比例进行把控，避免因为不同性别的调查对象数量差距过大而导致数据存在主观差异。

由于企业一般不只与一家合作伙伴建立网络关系，为了保障数据的真实性、有效性，本书在对问卷进行介绍时引导填写者在自身所处的网络中选择一个网络关系最紧密的网络，并根据对各题项的感知进行回答。

本书的数据收集采取线上收集与线下走访相结合的方法。首先，通过问卷星进行问卷的设计与发布，通过多个社交网站进行问卷的发放与推广，广泛发动在各地、各行业供应链网络中工作的亲朋好友将问卷在其工作团队中进行发放。其次，走访调查西安市高新区相关企业，进行问卷的发放与收集，对填写要求进行面对面的阐述，以提高问卷数据的有效性。

### 2. 数据收集

本书严格控制问卷的发放范围，要求问卷的填写对象要与研究的领域相符，主要在互联网、电子信息、机械产业中进行调研。问卷发放时间为2016年3～6月，发放范围包括西安市高新区企业及国内其他地区的相关企业，发放地域比较广泛与均匀。

本书共发放问卷320份，回收问卷248份，问卷回收率为77.5%；对问卷进行一一筛选，剔除同一IP多次作答、答题时间少于1分钟、数据明显具有规律性、数据残缺的问卷46份，得到有效问卷202份，从数量上保证了研究的可靠性，回收问卷有效率为81.5%。

## （三）样本及变量描述性统计分析

### 1. 样本的描述性统计分析

由表 4-4 可知，被调查者所在的公司员工人数在 500 人及以上的比例为 42.08%，其中 24.75%的被调查者在 1000 人以上的公司工作。一般认为，规模大的企业管理系统会比较完善，网络关系会比较广泛，规模大的企业比重越高越能提高本次研究结果的可信度。

由表 4-4 可知，在被调查的公司成立年限构成中，成立超过 10 年的企业的比例为 60.89%，成立超过 20 年的企业的比例为 18.81%。一般认为，成立年限越久的企业，企业的管理模式越成熟，企业对市场越了解，管理系统也就更完善。

由表 4-4 可知，在被调查的公司性质构成中，民营/私营企业占总体样本量的 54.46%，其他性质的企业分布比较均匀，国有企业占比为 19.80%，含有外资的企业占比较低只有 12.87%。

由表 4-4 可知，在被调查的公司行业构成中，医药卫生产业的被调查者偏少，其他产业的被调查者分布比较均匀，互联网、信息产业，化工、电子产业和机械重工产业的累计百分比占总体样本量的 68.81%。

**表 4-4　样本的描述性统计分析表**

| 题项 | 选项 | 样本量 | 百分比/% | 累计百分比/% |
|---|---|---|---|---|
| 职务 | 基层管理者 | 96 人 | 47.52 | 47.52 |
| | 中层管理者 | 53 人 | 26.24 | 73.76 |
| | 高层管理者 | 14 人 | 6.93 | 80.69 |
| | 其他 | 39 人 | 19.31 | 100.00 |
| 公司员工人数 | 1～99 人 | 61 家 | 30.20 | 30.20 |
| | 100～499 人 | 56 家 | 27.72 | 57.92 |
| | 500～1000 人 | 35 家 | 17.33 | 75.25 |
| | 1000 人以上 | 50 家 | 24.75 | 100.00 |

续表

| 题项 | 选项 | 样本量 | 百分比/% | 累计百分比/% |
|---|---|---|---|---|
| 公司成立年限 | 5 年以下 | 35 家 | 17.33 | 17.33 |
| | 5～10 年 | 44 家 | 21.78 | 39.11 |
| | 11～15 年 | 40 家 | 19.80 | 58.91 |
| | 16～20 年 | 45 家 | 22.28 | 81.19 |
| | 20 年以上 | 38 家 | 18.81 | 100.00 |
| 公司性质 | 国有企业 | 40 家 | 19.80 | 19.80 |
| | 外商独资/外企办事处 | 15 家 | 7.43 | 27.23 |
| | 中外合资 | 11 家 | 5.44 | 32.67 |
| | 民营/私营 | 110 家 | 54.46 | 87.13 |
| | 其他 | 26 家 | 12.87 | 100.00 |
| 公司所属行业 | 互联网、信息产业 | 66 家 | 32.67 | 32.67 |
| | 化工、电子产业 | 44 家 | 21.78 | 54.45 |
| | 机械重工产业 | 29 家 | 14.36 | 68.81 |
| | 医药卫生产业 | 4 家 | 1.98 | 70.79 |
| | 其他 | 59 家 | 29.21 | 100.00 |

### 2. 变量的描述性统计分析

变量的描述性统计分析结果见表 4-5。由表 4-5 可以得出，均值标准误差介于 0.07～0.10，标准偏差介于 0.5～0.7，都比较小。权力的算术平均值为 4.0204，比其他各变量的算数平均值都大，说明创新网络中核心企业拥有较大的权力；信任的算术平均值为 2.8000，合作的算术平均值为 2.9000，均较低，说明创新网络组织中的大多数企业彼此信任与合作程度较低；影响力的算术平均值为 3.7602，协调力的算术平均值为 3.7192，引领力的算术平均值为 3.6862。

**表 4-5　变量的描述性统计分析表**

| 变量 | 维度 | 最小值 | 最大值 | 均值 | | 标准偏差 |
|---|---|---|---|---|---|---|
| | | | | 算术平均值 | 均值标准误差 | |
| 核心企业领导力 | 影响力 | 2.00 | 5.00 | 3.7602 | 0.0962 | 0.6800 |
| | 协调力 | 3.00 | 5.00 | 3.7192 | 0.0820 | 0.5796 |
| | 引领力 | 2.67 | 5.00 | 3.6862 | 0.0781 | 0.5524 |
| 权力 | — | 2.67 | 5.00 | 4.0204 | 0.0983 | 0.6954 |
| 网络关系 | 信任 | 2.00 | 4.00 | 2.8000 | 0.0728 | 0.5151 |
| | 合作 | 2.00 | 3.75 | 2.9000 | 0.0739 | 0.5225 |

## 二、实证研究分析

### （一）信度检验

问卷的信度检验是对问卷结果稳定性的判断。本章节运用 SPSS 22.0 进行统计分析，经由 Cronbach's $\alpha$ 系数对各个量表进行了信度检验，所得的 Cronbach's $\alpha$ 系数越高，则代表量表测量的内容越没有分歧。本章节所选取的量表信度分析结果见表 4-6，每个量表的 Cronbach's $\alpha$ 系数均大于 0.7，据此可以得出，本书采纳的每个量表的信度都达到较高水平，适宜用来进行实证研究。

**表 4-6　各量表的信度分析表**

| 变量 | 题项 | Cronbach's $\alpha$ 系数 | 参考值 |
|---|---|---|---|
| 核心企业领导力 | 8 | 0.739 | ≥0.70 |
| 影响力 | 2 | 0.852 | |
| 协调力 | 3 | 0.753 | |
| 引领力 | 3 | 0.705 | |
| 权力 | 3 | 0.785 | |
| 网络关系 | 8 | 0.732 | |
| 信任 | 4 | 0.703 | |
| 合作 | 4 | 0.749 | |

## （二）效度检验

量表的信度仅展示了量表结果的一致性，想要确定所选的量表存在有效性，还需要对各个量表进行深入的效度分析。量表的效度反映了量表能够真正测量出所要测量的变量的水平，量表的效度越高，就越能真实地反映出变量的特性。内容效度和结构效度是评定量表效度普遍使用的维度。

本书所采纳的题项均来自国内外学者所开发的成熟量表，经过国内外学者的广泛使用，内容效度可以得到确定。本部分的关键目标就是检验量表的结构效度是否符合要求。

本书运用 SPSS 22.0 进行探索性因子分析，来确定各个量表的结构效度。在因子分析之前，进行 KMO 值以及 Bartlett's 球形检验来确定所搜集的数据是否符合因子分析的条件。本书采取的是主成分分析方法，按特征根大于 1 确认因子数量，使用最大方差法进行矩阵旋转。

### 1. 核心企业领导力量表的结构效度分析

由表 4-7 可知，KMO 值为 0.726，大于 0.6，说明核心企业领导力量表 8 个题目具有较好的相关性，量表可以用来做因子分析。Bartlett's 球形检验结果同样证明了核心企业领导力的问卷结果可以做因子分析。

**表 4-7　核心企业领导力量表的 KMO 测度和 Bartlett's 球形检验结果表**

| KMO 值 | | 0.726 |
|---|---|---|
| Bartlett's 球形检验 | 近似 $\chi^2$ | 226.166 |
| | Sig | 0.000 |

采用主成分分析法对核心企业领导力量表的 8 个题项进行因子分析，分析结果见表 4-8。由表 4-8 可知，主因子有 3 个，符合本书的理论构想。其中“影响力”累计解释方差为 25.767%，“协调力”累计解释方

差为 17.772%，“引领力”累计解释方差为 18.668%。而且核心企业领导力各题项的旋转后的因子载荷均在 0.5 以上，说明本书核心企业领导力量表结构效度较好。

**表 4-8　核心企业领导力量表的因子分析结果**

| 因子 | 旋转后的因子载荷 | 特征值 | 累计解释方差/% |
|---|---|---|---|
| 影响力 1 | 0.868 | 3.036 | 25.767 |
| 影响力 2 | 0.893 | | |
| 协调力 1 | 0.629 | 1.182 | 43.539 |
| 协调力 2 | 0.768 | | |
| 协调力 3 | 0.723 | | |
| 引领力 1 | 0.696 | 1.380 | 62.207 |
| 引领力 2 | 0.720 | | |
| 引领力 3 | 0.721 | | |

注：萃取方法为主成分分析法；旋转方法为最大方差法

### 2. 权力量表的结构效度分析

由表 4-9 可知，KMO 值为 0.703，大于 0.6，说明量表 3 个题目间具有良好的相关性，能够做因子分析。Bartlett's 球形检验同样证明了权力的问卷结果可以做因子分析。

**表 4-9　权力量表的 KMO 测度和 Bartlett's 球形检验结果表**

| KMO 值 | | 0.703 |
|---|---|---|
| Bartlett's 球形检验 | 近似 $\chi^2$ | 84.465 |
| | Sig | 0.000 |

采用主成分分析法对权力量表的 3 个题项进行因子分析，分析结果见表 4-10。由表 4-10 可知，主因子有 1 个，累计解释方差为 69.996%，能够解释量表题项的大部分内容，说明本书权力量表结构效度较好。

**表 4-10　权力量表的因子分析结果**

| 因子 | 因子载荷 | 特征值 | 累计解释方差/% |
|---|---|---|---|
| 权力 1 | 0.852 | | |
| 权力 2 | 0.836 | 2.100 | 69.996 |
| 权力 3 | 0.822 | | |

注：萃取方法为主成分分析法

### 3. 网络关系量表的结构效度分析

由表 4-11 可知，KMO 值为 0.705，大于 0.6，说明量表 8 个题目具有良好的相关性，可以做因子分析。Bartlett's 球形检验同样证实了网络关系的问卷结果可以进行因子分析。

**表 4-11　网络关系量表的 KMO 测度和 Bartlett's 球形检验结果表**

| | | |
|---|---|---|
| KMO 值 | | 0.705 |
| Bartlett's 球形检验 | 近似 $\chi^2$ | 123.732 |
| | Sig | 0.000 |

采用主成分分析法对网络关系量表的 8 个题项进行因子分析，结果见表 4-12。由表 4-12 可知，主因子有 2 个，符合本书的理论构想。其中“信任”累计解释方差为 29.285%，“合作”累计解释方差为 20.845%，可以解释 8 个题项的大部分内容。而且网络关系各题项的旋转后的因子载荷均高于 0.5，说明网络关系量表结构效度较好。

**表 4-12　网络关系量表的因子分析结果**

| 因子 | 旋转后的因子载荷 | 特征值 | 累计解释方差/% |
|---|---|---|---|
| 信任 1 | 0.745 | | |
| 信任 2 | 0.789 | 2.411 | 29.285 |
| 信任 3 | 0.604 | | |
| 信任 4 | 0.722 | | |

续表

| 因子 | 旋转后的因子载荷 | 特征值 | 累计解释方差/% |
|---|---|---|---|
| 合作 1 | 0.613 | 1.599 | 50.130 |
| 合作 2 | 0.511 | | |
| 合作 3 | 0.670 | | |
| 合作 4 | 0.758 | | |

注：萃取方法为主成分分析法；旋转方法为最大方差法

## （三）相关性分析

根据理论模型和假设，本书的目的是研究在创新网络组织中核心企业领导力如何影响网络关系以及权力在其中起到的作用。在研究各变量间的因果关系之前必须先验证各变量间是否存在一定的相关关系。本书运用 SPSS 22.0 统计分析软件计算各变量间的相关系数，采用 Pearson 积差相关的方法，得出各变量间的相关系数与统计检验值，从而对各变量进行相关分析。各变量间的相关性分析结果如表 4-13 所示。

**表 4-13　变量间的相关分析表**

| 变量 | 影响力 | 协调力 | 引领力 | 权力 | 信任 | 合作 | 核心企业领导力 |
|---|---|---|---|---|---|---|---|
| 影响力 | 1 | | | | | | |
| 协调力 | 0.486** | 1 | | | | | |
| 引领力 | 0.615** | 0.736** | 1 | | | | |
| 权力 | 0.164 | 0.245 | 0.218 | 1 | | | |
| 信任 | 0.394** | 0.510** | 0.563** | −0.221 | 1 | | |
| 合作 | 0.400** | 0.465** | 0.542** | −0.257 | 0.825** | 1 | |
| 核心企业领导力 | 0.837** | 0.846** | 0.898** | 0.240 | 0.562** | 0.541** | 1 |

**表示显著性水平为 0.01

由表 4-13 可得，各变量维度间的相关系数检验的 $t$ 统计量的显著性水平均低于 0.01。影响力与信任、合作存在显著的正向相关关系，相关系数分别为 0.394、0.400。协调力与信任、合作存在显著的正向相关关系，相关系数分别为 0.510、0.465。引领力与信任、合作存在显著的正向相关关系，相关系数分别为 0.563、0.542。根据这些数据可知，我们所做出的假设得到了初步支持。在相关分析结果中，权力与合作、信任及核心企业领导力均没有显著的正向相关关系，但是从相关系数我们可以初步判断权力与信任、合作有一定的负向相关关系，但此关系不显著。

### （四）回归分析

第二章的文献综述为本书提供了充足的理论支持，保证了研究的可行性，上一节的实证研究设计对研究的方法进行了阐述，信度检验与效度检验验证了研究问卷的可靠性与可行性，并且经由相关分析对本章节研究的假设进行了简单的验证。通过上一节的分析可以得出核心企业领导力各维度与网络关系各维度之间存在一定的相关关系，并且初步确定了依存关系的强弱与方向，本部分将通过回归分析来进一步验证二者之间的因果关系。

#### 1. 影响力与信任的回归分析

表 4-14 为影响力与信任的回归分析结果，其中影响力是自变量，信任是因变量。由表 4-14 可知，调整后的 $R^2$ 为 0.138，表示信任 13.8%的变异由影响力解释；$F$ 值为 8.814，且显著；标准化回归系数为 0.394，且显著，说明影响力会显著影响信任，核心企业的影响力越强越有助于良好的信任关系的维系。假设 H3-1a 成立。

表 4-14 影响力与信任的回归分析

| 模型 | 非标准化回归系数 | | 标准化回归系数 | t 值 | Sig 值 | 调整后的 $R^2$ | F 值 | Sig 值 |
|---|---|---|---|---|---|---|---|---|
| | B | 标准误差 | Beta | | | | | |
| 常数 | 1.678 | 0.384 | | 4.371 | 0.000 | 0.138 | 8.814 | 0.005 |
| 影响力 | 0.298 | 0.100 | 0.394 | 2.969 | 0.005 | | | |

注：因变量为信任

## 2. 协调力与信任的回归分析

表 4-15 为协调力与信任的回归分析结果，其中协调力是自变量，信任是因变量。由表 4-15 可知，调整后的 $R^2$ 为 0.245，表示信任 24.5%的变异由协调力解释；$F$ 值为 16.870，且显著；标准化回归系数为 0.510，且显著，说明协调力会显著影响信任，核心企业的协调力越强越有助于良好的信任关系的维系。假设 H3-1b 成立。

表 4-15 协调力与信任的回归分析

| 模型 | 非标准化回归系数 | | 标准化回归系数 | t 值 | Sig 值 | 调整后的 $R^2$ | F 值 | Sig 值 |
|---|---|---|---|---|---|---|---|---|
| | B | 标准误差 | Beta | | | | | |
| 常数 | 1.114 | 0.415 | | 2.684 | 0.000 | 0.245 | 16.870 | 0.000 |
| 协调力 | 0.453 | 0.110 | 0.510 | 4.107 | 0.000 | | | |

注：因变量为信任

## 3. 引领力与信任的回归分析

表 4-16 为引领力与信任的回归分析结果，其中引领力是自变量，信任是因变量。由表 4-16 可知，调整后的 $R^2$ 为 0.303，表示信任 30.3%的变异由引领力解释；$F$ 值为 22.292，且显著；标准化回归系数为 0.563，且显著，说明引领力会显著影响信任，核心企业的引领力越强越有助于良好的信任关系的维系。假设 H3-1c 成立。

表 4-16 引领力与信任的回归分析

| 模型 | 非标准化回归系数 | | 标准化回归系数 | $t$ 值 | Sig 值 | 调整后的 $R^2$ | $F$ 值 | Sig 值 |
|---|---|---|---|---|---|---|---|---|
| | $B$ | 标准误差 | Beta | | | | | |
| 常数 | 0.865 | 0.414 | | 2.086 | 0.042 | 0.303 | 22.292 | 0.000 |
| 引领力 | 0.525 | 0.111 | 0.563 | 4.721 | 0.000 | | | |

注：因变量为信任

## 4. 影响力与合作的回归分析

表 4-17 为影响力与合作的回归分析结果，其中影响力是自变量，合作是因变量。由表 4-17 可知，调整后的 $R^2$ 为 0.142，表示合作 14.2%的变异由影响力解释；$F$ 值为 9.136，且显著；标准化回归系数为 0.400，且显著，说明影响力会显著影响合作，核心企业的影响力越强越有助于良好的合作关系的维系。假设 H3-2a 成立。

表 4-17 影响力与合作的回归分析

| 模型 | 非标准化回归系数 | | 标准化回归系数 | $t$ 值 | Sig 值 | 调整后的 $R^2$ | $F$ 值 | Sig 值 |
|---|---|---|---|---|---|---|---|---|
| | $B$ | 标准误差 | Beta | | | | | |
| 常数 | 1.745 | 0.388 | | 4.493 | 0.000 | 0.142 | 9.136 | 0.004 |
| 影响力 | 0.307 | 0.102 | 0.400 | 3.023 | 0.004 | | | |

注：因变量为合作

## 5. 协调力与合作的回归分析

表 4-18 为协调力与合作的回归分析结果，其中协调力是自变量，合作是因变量。由表 4-18 可知，调整后的 $R^2$ 为 0.200，表示合作 20%的变异由协调力解释；$F$ 值为 13.275，且显著；标准化回归系数为 0.465，且显著，说明协调力会显著影响合作，核心企业的协调力越强越有助于良好的合作关系的维系。假设 H3-2b 成立。

**表 4-18　协调力与合作的回归分析**

| 模型 | 非标准化回归系数 | | 标准化回归系数 | t 值 | Sig 值 | 调整后的 $R^2$ | F 值 | Sig 值 |
|---|---|---|---|---|---|---|---|---|
| | B | 标准误差 | Beta | | | | | |
| 常数 | 1.339 | 0.433 | | 3.091 | 0.003 | 0.200 | 13.275 | 0.001 |
| 协调力 | 0.420 | 0.115 | 0.465 | 3.644 | 0.001 | | | |

注：因变量为合作

### 6. 引领力与合作的回归分析

表 4-19 为引领力与合作的回归分析结果，其中引领力是自变量，合作是因变量。由表 4-19 可知，调整后的 $R^2$ 为 0.279，表示合作 27.9%的变异由引领力解释；F 值为 19.971，且显著；标准化回归系数为 0.542，且显著，说明引领力会显著影响合作，核心企业的引领力越强越有助于良好的合作关系的维系。假设 H3-2c 成立。

**表 4-19　引领力与合作的回归分析**

| 模型 | 非标准化回归系数 | | 标准化回归系数 | t 值 | Sig 值 | 调整后的 $R^2$ | F 值 | Sig 值 |
|---|---|---|---|---|---|---|---|---|
| | B | 标准误差 | Beta | | | | | |
| 常数 | 1.010 | 0.427 | | 2.364 | 0.022 | 0.279 | 19.971 | 0.000 |
| 引领力 | 0.513 | 0.115 | 0.542 | 4.469 | 0.000 | | | |

注：因变量为合作

## （五）调节作用分析

上一节验证了自变量与因变量间的关系，所以本节可以直接让调节变量进入模型，从而进行调节作用分析。本书在进行调节作用分析时，用带有自变量与调节变量交互项的回归模型，做分层回归分析，总共包括 3 步：①运用 SPSS 22.0 将自变量和调节变量做去中心化处理（即变量减去平均值之后除以标准差生成的数值），同时将计算出的去中心化后的自变量与调节变量的乘积项作为交互项；②运用 SPSS 22.0 做因变量对自变量和调节变量的回归，得判定系数 $R_1^2$；③运用 SPSS 22.0 做因变量对自变量、调节变量和自变量与调节变量的交互项的回归，得判定系数 $R_2^2$ 。若 $R_2^2$ 显著高于 $R_1^2$，则调节效应显著；或者做自变量与调节变量的交互项的偏回归系数检验，如果显著则调节效应显著。

### 1. 权力在核心企业影响力与信任间的调节作用

根据上面提到的调节作用分析的方法，本书对核心企业影响力（自变量）、权力（调节变量）、信任（因变量）进行的调节作用分析结果见表 4-20。模型 1 中调整后的 $R^2$ 为 0.207；$F$ 值为 7.388，在 0.01 水平上显著。在模型 2 中，核心企业影响力与权力的交互项进入模型，调整后的 $R^2$ 增加了 0.019；$F$ 值为 5.772，在 0.01 水平上显著，说明相比于模型 1，加入核心企业影响力与权力的交互项的模型 2 对信任的变异的解释力度更大，其中核心企业影响力、权力均在 0.05 水平显著相关，核心企业影响力与权力的交互项虽然不在 0.05 水平显著，但可以通过更宽松的显著性水平（0.1）的显著性检验。核心企业影响力、权力、核心企业影响力与权力的交互项的标准化回归系数分别为 0.533、−0.329、−0.207，因此我们认为权力的调节效应比较显著。并且，通过对标准化回归系数的分析我们可以得知，权力会削弱核心企业影响力与信任的关系。假设 H3-3a 得到验证。

**表 4-20　权力在核心企业影响力与信任间的调节作用分析**

| 模型 | | 标准化回归系数 | $t$ 值 | Sig 值 | 调整后的 $R^2$ | $F$ 值 | Sig 值 |
|---|---|---|---|---|---|---|---|
| | | Beta | | | | | |
| 1 | 权力 | −0.294 | −2.279 | 0.027 | 0.207 | 7.388 | 0.002 |
| | 核心企业影响力 | 0.442 | 3.427 | 0.001 | | | |
| 2 | 权力 | −0.329 | −2.538 | 0.015 | 0.226 | 5.772 | 0.002 |
| | 核心企业影响力 | 0.533 | 3.765 | 0.000 | | | |
| | 交互项 | −0.207 | −1.474 | 0.047 | | | |

注：因变量为信任

## 2. 权力在核心企业协调力与信任间的调节作用

本书对核心企业协调力（自变量）、权力（调节变量）、信任（因变量）进行的调节作用分析结果见表 4-21。模型 1 中调整后的 $R^2$ 为 0.361；$F$ 值为 14.869，在 0.01 水平上显著。在模型 2 中，核心企业协调力与权力的交互项进入模型，调整后的 $R^2$ 增加了 0.029，$F$ 值为 11.445，在 0.01 水平上显著，说明相比于模型 1，加入核心企业协调力与权力的交互项的模型 2 对信任的变异的解释力度更大，其中核心企业协调力、权力均在 0.01 水平显著相关，核心企业协调力与权力的交互项也在 0.05 水平上显著相关，核心企业协调力、权力、核心企业协调力与权力的交互项的标准化回归系数分别为 0.661、–0.441、–0.216，以上数据说明权力的调节效应显著。权力的高低会影响核心企业协调力与信任的关系，即权力对核心企业协调力与信任的关系起到显著的调节作用。并且，通过对标准化回归系数的分析我们可以得知，权力会削弱核心企业协调力与信任的关系。假设 H3b 得到验证。

**表 4-21　权力在核心企业协调力与信任间的调节作用分析**

| 模型 | | 标准化回归系数 | $t$ 值 | Sig 值 | 调整后的 $R^2$ | $F$ 值 | Sig 值 |
|---|---|---|---|---|---|---|---|
| | | Beta | | | | | |
| 1 | 权力 | –0.368 | –3.128 | 0.003 | 0.361 | 14.869 | 0.000 |
| | 核心企业协调力 | 0.600 | 5.097 | 0.000 | | | |
| 2 | 权力 | –0.441 | –3.614 | 0.001 | 0.390 | 11.445 | 0.000 |
| | 核心企业协调力 | 0.661 | 5.508 | 0.000 | | | |
| | 交互项 | –0.216 | –1.790 | 0.030 | | | |

注：因变量为信任

## 3. 权力在核心企业引领力与信任间的调节作用

本书对核心企业引领力（自变量）、权力（调节变量）、信任（因变量）进行的调节作用分析结果见表 4-22。模型 1 中调整后的 $R^2$ 为 0.418；

$F$ 值为 18.576，在 0.01 水平上显著。在模型 2 中，核心企业引领力与权力的交互项进入模型，调整后的 $R^2$ 增加了 0.016，$F$ 值为 13.507，在 0.01 水平上显著，说明相比于模型 1，加入核心企业引领力与权力的交互项的模型 2 对信任的变异的解释力度更大，其中核心企业引领力、权力及核心企业引领力与权力的交互项均在 0.05 水平显著相关，核心企业引领力、权力、核心企业引领力与权力的交互项的标准化回归系数分别为 0.716、–0.414、–0.183，因此我们认为权力的调节效应显著。并且，通过对标准化回归系数的分析我们可以得知，权力会削弱核心企业引领力与信任的关系。假设 H3c 得到验证。

**表 4-22　权力在核心企业引领力与信任间的调节作用分析**

| 模型 | | 标准化回归系数 Beta | $t$ 值 | Sig 值 | 调整后的 $R^2$ | $F$ 值 | Sig 值 |
|---|---|---|---|---|---|---|---|
| 1 | 权力 | –0.361 | –3.235 | 0.002 | 0.418 | 18.576 | 0.000 |
| | 核心企业引领力 | 0.642 | 5.747 | 0.000 | | | |
| 2 | 权力 | –0.414 | –3.586 | 0.001 | 0.434 | 13.507 | 0.000 |
| | 核心企业引领力 | 0.716 | 5.947 | 0.000 | | | |
| | 交互项 | –0.183 | –1.524 | 0.034 | | | |

注：因变量为信任

### 4. 权力在核心企业影响力与合作间的调节作用

本书对核心企业影响力（自变量）、权力（调节变量）、合作（因变量）进行的调节作用分析结果见表 4-23。在模型 2 中加入核心企业影响力与权力的交互项之后调整后的 $R^2$ 比模型 1 增加了 0.028，回归系数在 0.05 水平上不显著，但是在更宽松的显著性水平（$<0.1$）上显著。通过回归系数分析我们可以得出适度的权力对于影响力与合作间的关系有较显著的削弱作用。模型 4 中调整后的 $R^2$ 比模型 3 增加了 0.028，且在 0.05 水平上显著，说明相比于模型 3，加入核心企业影响力与过度的权力的

交互项的模型 4 对合作的变异的解释力度更大。核心企业影响力、过度的权力、核心企业影响力与过度的权力的交互项的标准化回归系数分别为 0.556、–0.408、–0.226，因此我们可以得出过度的权力的调节效应显著。并且，通过对标准化回归系数的分析我们可以得知，过度的权力会削弱核心企业影响力与合作的关系。假设 H3-4a 未通过验证。

**表 4-23　权力在核心企业影响力与合作间的调节作用分析**

| 模型 | | 标准化回归系数 Beta | $t$ 值 | Sig 值 | 调整后的 $R^2$ | $F$ 值 | Sig 值 |
|---|---|---|---|---|---|---|---|
| 1 | 适度的权力 | –0.331 | –2.617 | 0.012 | 0.236 | 8.549 | 0.001 |
| | 核心企业影响力 | 0.454 | 3.587 | 0.001 | | | |
| 2 | 适度的权力 | –0.370 | –2.931 | 0.005 | 0.264 | 6.870 | 0.001 |
| | 核心企业影响力 | 0.556 | 4.026 | 0.000 | | | |
| | 交互项 | –0.231 | –1.686 | 0.079 | | | |
| 3 | 过度的权力 | –0.379 | –3.063 | 0.004 | 0.270 | 10.055 | 0.000 |
| | 核心企业影响力 | 0.459 | 3.717 | 0.001 | | | |
| 4 | 过度的权力 | –0.408 | –3.331 | 0.002 | 0.298 | 7.945 | 0.000 |
| | 核心企业影响力 | 0.556 | 4.157 | 0.000 | | | |
| | 交互项 | –0.226 | –1.705 | 0.045 | | | |

注：因变量为合作

### 5. 权力在核心企业协调力与合作间的调节作用

本书对核心企业协调力（自变量）、权力（调节变量）、合作（因变量）进行的调节作用分析结果见表 4-24。在模型 2 中加入核心企业协调力与权力的交互项之后调整后的 $R^2$ 比模型 1 增加了 0.044，但是在更宽松的显著性水平（<0.1）上显著，通过回归系数分析我们可以得出适度的权力对于协调力与合作间的关系有较显著的削弱作用。模型 4 中调整后的 $R^2$ 比模型 3 增加了 0.029，且在 0.05 水平上显著，说明相比于模型 3,加入核心企业协调力与过度的权力的交互项的模型 4 对合作的变异的

解释力度更大，通过回归系数分析我们得出过度的权力会显著削弱协调力对合作的积极影响。假设 H3-4b 未通过验证。

**表 4-24 权力在核心企业协调力与合作间的调节作用分析**

| 模型 | | 标准化回归系数 Beta | $t$ 值 | Sig 值 | 调整后的 $R^2$ | $F$ 值 | Sig 值 |
|---|---|---|---|---|---|---|---|
| 1 | 适度的权力 | −0.394 | −3.284 | 0.002 | 0.363 | 13.383 | 0.000 |
| | 核心企业协调力 | 0.562 | 4.680 | 0.000 | | | |
| 2 | 适度的权力 | −0.471 | −3.788 | 0.000 | 0.407 | 10.504 | 0.000 |
| | 核心企业协调力 | 0.626 | 5.122 | 0.000 | | | |
| | 交互项 | −0.226 | −1.840 | 0.072 | | | |
| 3 | 过度的权力 | −0.432 | −3.710 | 0.001 | 0.368 | 15.283 | 0.000 |
| | 核心企业影响力 | 0.562 | 4.826 | 0.000 | | | |
| 4 | 过度的权力 | −0.494 | −4.155 | 0.000 | 0.397 | 11.752 | 0.000 |
| | 核心企业影响力 | 0.619 | 5.241 | 0.000 | | | |
| | 交互项 | −0.213 | −1.799 | 0.029 | | | |

注：因变量为合作

## 6. 权力在核心企业引领力与合作间的调节作用

本书对核心企业引领力（自变量）、权力（调节变量）、合作（因变量）进行的调节作用分析结果见表 4-25。在模型 2 中加入核心企业引领力与权力的交互项之后调整后的 $R^2$ 比模型 1 增加了 0.024，回归系数在 0.05 水平上不显著，但是在更宽松的显著性水平（<0.1）上显著，通过标准化回归系数分析我们可以得出，适度的权力对于引领力与合作间的关系有较显著的削弱作用。模型 4 中调整后的 $R^2$ 比模型 3 增加了 0.022，且在 0.05 水平上显著，说明相比于模型 3，加入核心企业引领力与过度的权力的交互项的模型 4 对合作的变异的解释力度更大，通过标准化回归系数分析我们得出，过度的权力会显著削弱引领力对合作的积极影响。假设 H3-4c 未通过验证。

**表 4-25　权力在核心企业引领力与合作间的调节作用分析**

| 模型 | | 标准化回归系数 Beta | $t$ 值 | Sig 值 | 调整后的 $R^2$ | $F$ 值 | Sig 值 |
|---|---|---|---|---|---|---|---|
| 1 | 适度的权力 | −0.394 | −3.525 | 0.001 | 0.418 | 18.574 | 0.000 |
| | 核心企业引领力 | 0.628 | 5.621 | 0.000 | | | |
| 2 | 适度的权力 | −0.454 | −3.961 | 0.000 | 0.442 | 15.372 | 0.000 |
| | 核心企业引领力 | 0.712 | 5.963 | 0.000 | | | |
| | 交互项 | −0.209 | −1.753 | 0.086 | | | |
| 3 | 过度的权力 | −0.434 | −4.023 | 0.000 | 0.452 | 21.239 | 0.000 |
| | 核心企业引领力 | 0.630 | 5.838 | 0.000 | | | |
| 4 | 过度的权力 | −0.484 | −4.406 | 0.000 | 0.474 | 15.691 | 0.000 |
| | 核心企业引领力 | 0.706 | 6.149 | 0.000 | | | |
| | 交互项 | −0.194 | −1.699 | 0.046 | | | |

注：因变量为合作

## 三、本节小结

通过前面的回归分析及调节效应检验，我们对本章节研究所提出的假设一一进行了验证，表 4-26 是假设验证情况汇总。

**表 4-26　实证研究假设检验结果汇总表**

| 假设序号 | 假设内容 | 检验结果 |
|---|---|---|
| H3-1a | 核心企业影响力对创新网络成员间的信任产生积极影响 | 通过 |
| H3-1b | 核心企业协调力对创新网络成员间的信任产生积极影响 | 通过 |
| H3-1c | 核心企业引领力对创新网络成员间的信任产生积极影响 | 通过 |
| H3-2a | 核心企业影响力对创新网络成员间的合作产生积极影响 | 通过 |
| H3-2b | 核心企业协调力对创新网络成员间的合作产生积极影响 | 通过 |
| H3-2c | 核心企业引领力对创新网络成员间的合作产生积极影响 | 通过 |
| H3-3a | 权力对核心企业影响力与信任的正向关系有削弱作用，即使用的权力越多，核心企业影响力与信任的正向相关性越弱 | 通过 |

续表

| 假设序号 | 假设内容 | 检验结果 |
| --- | --- | --- |
| H3-3b | 权力对核心企业协调力与信任的正向关系有削弱作用，即使用的权力越多，核心企业协调力与信任的正向相关性越弱 | 通过 |
| H3-3c | 权力对核心企业引领力与信任的正向关系有削弱作用，即使用的权力越多，核心企业引领力与信任的正向相关性越弱 | 通过 |
| H3-4a | 权力对核心企业影响力与合作的正向关系有调节作用，使用适度的权力会强化核心企业影响力与合作的正向关系，使用过度的权力会弱化核心企业影响力与合作的正向关系 | 未通过 |
| H3-4b | 权力对核心企业协调力与合作的正向关系有调节作用，使用适度的权力会强化核心企业协调力与合作的正向关系，使用过度的权力会弱化核心企业协调力与合作的正向关系 | 未通过 |
| H3-4c | 权力对核心企业引领力与合作的正向关系有调节作用，使用适度的权力会强化核心企业引领力与合作的正向关系，使用过度的权力会弱化核心企业引领力与合作的正向关系 | 未通过 |

# 第五章

# 结论与讨论

# 第一节　创新网络核心企业领导力的影响因素

本书在对创新网络中核心企业领导力进行深入分析与界定的基础上，探索并验证了其影响因素模型。本书的主要结论有：

（1）界定了创新网络中核心企业领导力。本书认为，在创新网络中，核心企业为获得其他成员的认可，而营造一个共同目标，以此吸引和影响成员企业持续实现目标，在这一过程中，核心企业对这些成员企业所形成的影响力即为核心企业领导力。而核心企业领导力是以创新网络的形成以及核心企业的诞生为契机而产生的。以科层领导力与核心企业领导力的不同为基础，本书认为核心企业还需具备协调网络中各企业间关系的能力及不断推动目标实现的能力，因此将核心企业领导力的维度从五个衍生为七个，即前瞻力、感召力、影响力、决断力、控制力、协调力和目标推动力。

（2）构建并验证创新网络中核心企业领导力的影响因素模型。通过企业和专家访谈，本书获得了大量影响创新网络中核心企业领导力的关键语句，对这些语句进行分析和归纳后，最终得到了较为完整且严谨的测量题项，将这些题项构成测量问卷，并对问卷进行预调研，用回收的数据验证问卷的信度与效度，得到正式问卷并进行正式发放。筛选回收问卷中的有效数据，采用 EFA 和 CFA 数据分析方法构建并验证了影响因素模型，其模型包含因素有知识资源、网络能力、网络结构和领导者特质，这些分别是核心企业领导力形成的外在因素和内在因素。其中，知识资源是指企业内部的知识储备和知识创造；网络能力是指企业构建、协调创新网络，并分配组合网络资源的能力；网络结构则是指企业所在创新网络的网络规模及网络中各企业的联系紧密程度；领导者特质是指企业领导者具备的内在特质与外在智慧。

## 第二节　核心企业领导力对创新能力、联盟绩效的影响

### 一、核心企业领导力对创新能力的影响

随着我国经济发展进入新常态，社会经济发展客观上对技术创新的要求不断提高，相关学术研究也成了研究的热门课题。本书主要研究创新网络的主体企业——核心企业如何发挥其领导力，促进网络技术创新能力的提升这一命题，并进行了相关实证分析，希望能在相关研究的基础上，进一步探析核心企业领导力作用于创新能力的方式与途径，为我国企业的创新实践活动总结既有宝贵经验，发掘潜力，为我国创新企业的相关活动提供一定的理论支持和引导，激活创新发展新动能。

实证检验结果表明：核心企业领导力及其各个维度分别通过知识聚合，即从知识转移和知识创造两大方面，对创新能力具有正相关作用。具体研究结论如下：

第一，在创新网络中，协调力对网络成员间知识转移活动具有正相关作用。

有效发挥核心企业的网络协调作用，有助于实现网络中知识资源的配置，促进知识合理流动，加速网络知识流转。这表明，核心企业协调力作用的正确发挥，关系到网络成员间知识资源的流动和分享，有助于协调企业间的资源依赖关系，丰富并扩大单个企业的知识存量，激发个体的创新潜能。

第二，在创新网络中，协调力对网络成员间知识创造活动具有正相关作用。

创新网络中，网络成员企业围绕共同的技术发展目标汇聚在一起，最终目的是克服自身资源分散的局限性，根据网络协同创新特性，实现重大研发突破，全面提高个体实力与网络实力。所以，网络环境下核心企业协调作用的发挥效果是整体能否提升的关键。核心企业的协调力发挥得好，个体间交互沟通、学习的可能性就会增大，通过学习外部先进经验提升自己，实现自身知识资源更新和创造能力提升的可能性就会进一步提高。所以，必须重视网络协调力的发挥，为知识创造的实现提供尽可能多的动力。

第三，在创新网络中，协调力对网络创新能力具有正相关作用。

网络成员间关系得到有效协调，网络氛围就会更加和谐，更加融洽，网络成员间相互合作的摩擦就会进一步减少，从而促使发展要素得到有效交换和流动，网络的凝聚力得到最大程度的提升。所有成员企业完成好各自的分工任务,有助于网络整体打破研发瓶颈,完成共同创新目标，提升研发能力和水平。由此可见，要想实现网络创新能力的持续提高，就必须发挥好核心企业在创新网络中的协调力，处理好网络成员企业间的关系，激发网络整体的创新潜能。

第四，在创新网络中，引领力对网络中知识转移活动具有正相关作用。

网络组织架构下，包含众多潜能各异、实力不等的个体，它们成为网络活动的重要参与者。作为核心成员，核心企业是网络发展的领头军，掌握着整体发展方向。在其引领下，网络成员被分配到最能发挥自己潜能的创新环节，网络成员拥有的分散的知识资源围绕有助于实现网络整体创新目标的方向进行配置，网络成员间的知识转移能力和迁移效率实现了最高水平的发挥。由此可以发现，引领力是核心企业领导力必不可少的作用力量，其对网络间知识转移的效率和质量产生重要影响。

第五，在创新网络中，引领力对网络中知识创造活动的正相关作用不显著。

在网络组织框架下，引领力有助于实现核心企业对周边配套企业的带领和推动作用。实证研究结果表明，核心企业引领力对网络成员知识创造能力的提升没有显著影响。本书深入分析了理论模型构建的合理性，调研对象的相关情况以及研究数据的有效程度，经过数据分析和专家小组讨论得出，出现引领力对网络中知识创造影响的不显著性现象的很大一部分原因可能在于：经过二十多年的发展，西安市高新技术开发区已经发展成为比较成熟规范的高新技术发展区域，组建的创新网络也日渐趋于成熟，网络中成员企业的技术创新实力均比较雄厚，彼此间协作过程中以相互学习，共同贡献于网络知识创造和创新能力提升为主，引导与被引导的关系不是网络间关系的主要特点，这可能会影响到问卷调查的结果，导致引领力与知识创造不显著的检验结果。

由此我们总结出了一些实证调研经验，即在发放正式问卷前，应进一步与调研对象沟通好课题的研究背景，各项测量内容的深层次情景，了解好调研对象的企业背景和其他特质，以确保调研数据的严谨和有效性。

第六，在创新网络中，引领力对网络创新能力具有正相关作用。

核心企业作为创新网络发展的主导力量，决定着网络发展的方向，在其有效引领下，网络各成员企业被分配到最能发挥自我潜能的创新活动环节中去。网络成员拥有的分散的知识资源围绕有助于实现网络整体创新目标的方向加以配置，网络整体的创新潜力得到最大化挖掘。因此，要想最大限度地激发创新网络的创新能力，就必须重视核心企业引领力的作用,充分发挥好引领力对网络创新能力的促进和推动作用。

第七，在创新网络中，影响力对网络中知识转移活动具有正相关作用。

影响力是指在网络框架下，核心企业借助自身资源优势对网络成员企业产生影响。核心企业在网络中占据关键节点，依据其他企业对其的资源依赖关系，可以对网络成员企业产生不同程度的影响，有效调整网络间成员关系和资源配置。因此，核心企业影响力对网络知识转移活动产生正相关作用。

第八，在创新网络中，影响力对网络中知识创造活动具有正相关作用。

在网络框架内，核心企业凭借自身资源优势产生一定的影响，具有协调成员企业间关系、改变组织内个体行为的作用。核心企业作为创新网络的掌舵者，担负着实现宏观层面技术发展的重要使命。为了更好地实现组织发展目标的需要，核心企业需要根据具体情况来调配合作伙伴各自的优势资源，将分散的网络资源整合成知识合力，对创新活动所需的知识加以传播，深化理解。这在一定程度上有助于既有知识体系的完善和创新，为下一步发展提供持续动能。

第九，在创新网络中，影响力与网络创新能力的正相关作用不显著。

经过实证检验分析发现，在网络组织架构内，影响力对网络创新能力的作用关系并不显著。原因可能是：虽然在实践活动中，核心企业对成员企业有一定的影响，可根据网络发展的需要调整网络成员企业的行为活动，但是最终需要通过对资源施加作用力来影响网络创新活动，而不是直接作用于网络的技术创新活动。因此，在实证分析时，数据验证的结果可能呈现出影响力对网络创新能力作用关系不显著这一结论。

第十，在创新网络中，知识转移对网络创新能力具有正相关作用。

知识资源具有巨大的创造潜力。创新网络是一个知识密集、技术密集型的网络组织，网络中的技术创新活动要靠知识创新来实现。通过核心企业的协调作用，网络成员间进行知识的交换和融合，对各个成员企业来说，这一过程也是对各自拥有知识的补充和完善的过程，有助于丰富自身的理论储备，强化知识创新能力，进而提升网络创新潜质和水平。

第十一，在创新网络中，知识创造对网络创新能力具有正相关作用。

通过网络成员间的交互作用，分散的知识资源得以在网络中汇聚，网络成员企业根据自身不足吸收短缺的知识资源，不断扩充并完善自己的知识储备，通过相互学习和经验交流，实现知识的更新与创造。这些更新及创造的知识是促进网络创新活动实现的重要力量，有助于网络创新水平的提升。

第十二，中介影响结果。

通过运用 AMOS 22.0 进行结构方程模型分析得出：在协调力作用于网络创新能力的过程中，知识转移与知识创造具有部分中介作用；在引领力作用于网络创新能力的过程中，知识转移具有部分中介作用，而知识创造不具有中介作用；在影响力作用于网络创新能力的过程中，知识转移与知识创造具有完全的中介作用。

因此，必须重视对个体知识转移和知识创造能力的培养，发挥核心企业在网络构架内部的调控能力，促进网络间知识水平的持续提高，为激发创造潜力提供扎实的理论支撑。

## 二、核心企业领导力对联盟绩效的影响

技术创新战略联盟绩效问题是当今研究的热点问题。在阅读大量关于（产业）技术创新战略联盟、核心企业、领导力及知识共享等方面的文献综述的基础上，本书总结了技术创新战略联盟中核心企业领导力在联盟网络协调及网络知识两个方面影响联盟绩效的作用机理。通过参考相关文献，建立了技术创新战略联盟中核心企业领导力在联盟网络协调和网络知识两个方面对联盟绩效影响模型，并提出了相关理论假设。

根据提出的理论假设与概念模型，笔者参考了国内外的相关文献，设计了技术创新战略联盟中核心企业领导力对联盟绩效影响的调查问卷，

为了保证问卷的质量，笔者对问卷进行了预调研，并对预调研收集到的数据进行了分析，对问卷进行了进一步的修正、调整，最终得出正式的问卷。然后进行问卷调查，收集数据。

本书运用 SPSS 22.0 和 AMOS 22.0 对收集的数据进行分析。首先运用 SPSS 22.0 对收集到的数据进行了描述性统计分析、量表信度与效度检验、相关性分析，然后运用 AMOS 22.0 对本书构建的理论模型和提出的研究假设进行了检验。根据 SPSS 22.0 与 AMOS 22.0 实证分析的结果，得出核心企业领导力通过对联盟网络协调和网络知识两个方面产生影响，进而对联盟关系绩效与创新绩效产生影响。

（1）在技术创新战略联盟中，核心企业领导力对整个技术创新战略联盟网络协调有显著的正向促进作用。通过提高核心企业的领导力可以促进战略联盟的内部关系协调。这说明，在核心企业领导力作用下，战略联盟网络内部关系趋于协调，网络内聚力增强，从而联盟内部的矛盾和冲突则会减少。

（2）在技术创新战略联盟中，核心企业领导力对联盟知识共享没有显著正向促进作用。

核心企业通过不断建立新的网络连接并由此提升自身的知识获取能力，得以逐渐向网络中心性位置靠近，并由此产生更多的创新性知识。而其网络中心性反过来强化了核心企业的网络主导地位，并使得核心企业周围形成广泛的网络连接，处于网络中心位置的核心企业更可能接触到关键知识和信息。同时，成员企业更愿意与核心企业进行业务交流，但网络成员企业间的交流也许并不会很频繁。

此外，由于核心企业处于联盟核心位置，拥有独一无二的网络权力与知识权力，联盟内部的非核心企业更倾向于追随核心企业的战略，在业务领域和技术轨迹上遵循核心企业的标准或规范。在核心企业的网络能力不断提升、外部对其认知逐渐强化的双重作用下，核心企业在联盟中的声望逐渐形成，其权威影响力也成为除行政协调之外的另一股强势控制力量，左右其他联盟企业的行为与决策。

（3）在技术创新战略联盟中，协调的网络关系对网络内部知识共享以及联盟关系绩效都具有正向促进作用。网络的协调增强了联盟的内部凝聚力，促进了联盟内部节点企业间的相互信任，减少网络内部消耗，对节点企业间沟通起润滑作用，使企业间的关系更加融洽，信息交流更加流畅，促进网络中沟通效率的提高，也在一定程度上促进了联盟内部知识共享，同时进一步提升了联盟关系绩效。

（4）在技术创新战略联盟中，知识共享对联盟创新绩效的提高具有正向促进作用。知识共享促进了联盟内部显性知识和隐性知识的相互转换，提高了联盟内部成员利用现有知识的能力，加速了联盟整体知识量的提升，也促进了联盟绩效的提升。

（5）在技术创新战略联盟中，网络协调对联盟创新绩效具有正向促进作用。网络的协调减少了联盟内部的矛盾与冲突，减少了网络内耗，从而有利于联盟整体绩效的提高。

（6）技术创新战略联盟关系绩效对创新绩效具有正向促进作用。高关系绩效的网络能够促进生产和管理效率提升，有效协调企业间的活动，增强组织吸引和留住优秀人才的能力，从而有效促进联盟创新绩效的提升。

## 第三节　核心企业领导力对网络关系的影响

本书对创新网络中核心企业领导力对网络关系的影响机制进行了深入分析和探讨，从理论层面的探讨到实证层面的量化分析，深入研究了权力、核心企业领导力、网络关系间的关系。本节是研究最后的结论部分，旨在对之前的研究做出系统性总结。

（1）通过对 202 份样本的调研和分析发现，创新网络中的核心企业领导力各维度与网络关系各维度的相关系数均在 0.01 水平上显著，由此可以看出核心企业领导力与网络关系间存在一定的相关关系。

（2）核心企业影响力、协调力、引领力对创新网络的信任关系有显著积极影响，标准化回归系数分别为 0.394（$p<0.01$）、0.510（$p<0.01$）、0.563（$p<0.01$）。由此可以得出，当创新网络中核心企业影响力、协调力、引领力提高时，创新网络的信任关系会显著加强；通过标准化回归系数我们还可以得出核心企业领导力中引领力对信任的影响最强，影响力对信任的影响相对较弱。

在创新网络管理过程中，核心企业可以通过提高其应变能力、战略把握能力，提升其引领力，从而促进网络信任关系的生成与增强；核心企业可以通过加强其权威作用、示范作用，给其他企业树立一个杰出的榜样，由内而外地增强其影响力，从而促进网络信任关系的巩固；核心企业在解决冲突时要提升其关系协调能力，在网络运作中要提升其任务协调能力，合理分配任务，从而提升其协调力，保障信任关系的维系与提升。

（3）核心企业影响力、协调力、引领力对创新网络的合作关系有显著的积极影响，标准化回归系数分别为 0.400（$p<0.01$）、0.465（$p<0.01$）、0.542（$p<0.01$）。由此可以得出，当创新网络中核心企业影响力、协调力、引领力提高时，网络的合作关系会显著加强。通过标准化回归系数我们还可以得出核心企业领导力中引领力对合作的影响最强，引领力的提高对加强创新网络合作关系更有效。

在网络合作过程中，核心企业能依据所处的境况和条件做出最恰当的战略部署，要关注自身对网络成员的引领作用，创造坚固的网络合作关系；核心企业要明确整个网络组织目标，充分利用其资源与技术优势，带动网络成员实现组织目标，提升其影响力，从而促成协同成长的良性合作关系；核心企业要明确网络成员职责的划分，积极疏导、解决网络成员合作中存在的冲突，提升其协调力，凝聚成员力量，有效控制网络组织的目标一致性，巩固创新网络间的合作水平。

（4）本书讨论了权力对核心企业领导力与信任的调节作用机制，假设了权力会调节核心企业影响力、协调力、引领力与信任的关系，发现权力在核心企业影响力、协调力、引领力与信任的正向关系上存在显著削弱作用。以上发现表明，增加权力的使用会使核心企业领导力对信任关系的促进作用减弱，破坏领导力对信任的积极影响。

因此，在创新网络管理过程中，核心企业要慎用权力，尤其要避免因过度运用权力而严重破坏协调力在维系、增强网络信任关系过程中的正向作用；引领力在创新网络成员间的信任关系与合作关系的促成与引导过程中有着强烈的积极影响，核心企业在引领成员实现共同目标的过程中要关注权力的作用，减小权力在引领力对网络信任的积极影响中的削弱作用。

（5）本书讨论了权力对核心企业领导力与合作的调节作用机制，假设了权力会调节核心企业影响力、协调力、引领力与合作的关系，发现使用过度的权力会明显地削弱核心企业影响力、协调力、引领力对合作的正向作用，核心企业使用适度的权力对影响力、协调力、引领力与合作的正向关系有较显著的削弱作用。

本书从提出假设的理论基础、调研对象的现状、企业管理实践等角度，通过数据分析和专家讨论深入分析了核心企业使用适度的权力对领导力与合作的正向关系没有显著促进作用的原因，分析得出以下两点最可能的原因：

第一，通过与多个在调研过程中建立联系的企业管理者进行深入探讨发现，在管理实践中网络管理是一个整合、协调的过程，为寻求网络整体最优，企业追求更加公平、透明的合作关系，日趋激烈的市场竞争使得网络成员在谋求发展的过程中对权力的感观极度敏感。核心企业对网络成员的奖励会在一定程度上约束成员的行为，促使合作更加规范；

但是网络成员对于强迫行为更加敏感，权力的强制性会致使网络成员在合作过程中无法采取最适合自身发展的行为，网络成员会产生逆反心理甚至在一些活动中对核心企业进行报复，所以在实证分析结果中并没有得到使用适度的权力会加强领导力对合作的积极影响，这种结果提醒我们对于权力的调节作用可以通过不同权力运用方式带来的差异进行讨论。

第二，在国内网络组织管理实践中，核心企业在网络中占据绝对优势，拥有的权力较大且权力的使用水平较高。表 4-5 中核心企业的权力的算术平均值为 4.0204，明显高于其他变量的算术平均值，反映了样本群体在对核心企业的权力进行评估时倾向于选择高水平的情况。同时，核心企业的权力使用方式普遍强势，对网络合作有强烈的影响，从而可能导致核心企业的权力的调节作用集中于削弱作用，没有得到使用适度的权力会加强领导力对合作的积极影响的结论。比如，苹果与三星存在诸多专利纠纷，但三星凭借其独一无二的技术水平与稳定的生产能力，仍然是苹果的第一大零部件供应商。

# 参考文献

陈力田. 2012. 企业技术创新能力演进规律研究——基于适应性演化和协同视角[D]. 杭州: 浙江大学博士学位论文.

陈文化, 彭福扬. 1998. 关于创新理论和技术创新的思考[J]. 自然辩证法研究, (6): 37-41.

陈晓征, 刘永梅. 2010. 基于企业战略需求的领导力模型构建——以许继集团为例[J]. 经营管理者, (9): 50-51.

程铁. 2005. 供应链中核心企业供应商选择研究[D]. 上海: 上海海事大学硕士学位论文.

成熙. 2012. 供应链核心企业的成因、边界及演化研究[D]. 广州: 华南理工大学硕士学位论文.

党兴华, 刘立. 2014. 技术创新网络中企业知识权力测度研究[J]. 管理评论, (6): 67-73.

党兴华, 张首魁. 2005. 模块化技术创新网络结点间耦合关系研究[J]. 中国工业经济, (12): 85-91.

高建, 汪剑飞, 魏平. 2004. 企业技术创新绩效指标: 现状、问题和新概念模型[J]. 科研管理, 25(ZK): 14-22.

郭春元. 2010. 基于网络组织环境, 核心企业领导力与工作满意度关系的实证研究[D]. 天津: 天津财经大学硕士学位论文.

郝斌, 刘石兰, 任浩. 2013. 企业间领导力理论和实践溯源与层次结构探讨[J]. 外国经济与管理, 35(5): 50-59.

郝斌, 任浩. 2011. 企业间领导力: 一种理解联盟企业行为与战略的新视角[J]. 中国工业经济, (3): 109-118.

侯健敏, 党兴华. 2011. 我国大中型企业技术引进与转移特征及效率分析——基于面板数据的计量模型研究[J]. 科技管理研究, (18): 73-78.

黄芳铭. 2005. 结构方程模式: 理论与应用[M]. 北京: 中国税务出版社.

黄飞. 2014. 企业价值网核心企业领导力对运行效率影响的实证研究[D]. 南宁: 广

西大学硕士学位论文.
霍宝锋, 韩昭君, 赵先德. 2013. 权力与关系承诺对供应商整合的影响[J]. 管理科学学报, 16(4): 33-50.
贾卫峰, 党兴华. 2010. 技术创新网络核心企业知识流耦合控制研究[J]. 科研管理, 31(1): 56-63.
贾卫峰, 党兴华. 2010. 技术创新网络中核心企业形成的三状态模型研究——基于企业间关系耦合的分析[J]. 科学学研究, 28(11): 1750-1757.
江诗松, 龚丽敏, 魏江. 2011. 转型经济中后发企业的创新能力追赶路径: 国有企业和民营企业的双城故事[J]. 管理世界, (12): 96-115.
蒋晓荣, 田爽. 2016. 企业-供应商强制性权力和信任对合作绩效的影响研究[J]. 现代经济信息, (15): 124-129.
李春发, 王雪红, 杨琪琪. 2014. 生态产业共生网络核心企业领导力与网络绩效关系研究[J]. 软科学, 28(9): 69-73.
李季芳. 2008. 基于核心企业的水产品供应链管理研究[D]. 青岛: 中国海洋大学博士学位论文.
李宁, 严进, 金鸣轩. 2006. 组织内信任对任务绩效的影响效应[J]. 心理学报, 38(5): 770-777.
李维安,等. 2003. 网络组织: 组织发展新趋势[M]. 北京: 经济科学出版社.
李效云, 王重鸣. 2004. 愿景式领导的关键特征研究[J]. 心理科学, 27(3): 580-583.
李玉琼, 朱秀英. 2007. 丰田汽车生态系统创新共生战略实证研究[J]. 管理评论, 19(6): 15-20.
梁健. 2005. 如何提升非制度权力下的领导力[J]. 北京石油管理干部学院学报, (6): 22-24.
梁力军, 孟凡臣. 2011. 企业国际并购知识吸收能力提升机制研究[J]. 科学学与科学技术管理, 32(12): 71-78.
廖成林, 仇明全, 龙勇. 2008. 企业合作关系、敏捷供应链和企业绩效间关系实证研究[J]. 系统工程理论与实践, 28(6): 115-128.
林筠, 刘伟, 李随成. 2011. 企业社会资本对技术创新能力影响的实证研究[J]. 科研管理, 32(1): 35-44.
刘贵富, 赵英才. 2006. 产业链核心企业研究[J]. 中国管理信息化, 9(10): 25-28.
刘南, 李燕. 2004. 供应链信任机制的建立[J]. 经济论坛, (21): 65-66.
刘人怀, 姚作为. 2005. 关系质量研究述评[J]. 外国经济与管理, 27(1): 27-33.
刘万利, 贾宪州. 2009. 模块化组织核心企业模式及组织运行机制研究[J]. 软科学, 23(7): 141-144.
刘晓军. 2012. 关系情境对供应链成本管理影响研究——典型案例经验及一般启示

[D]. 成都: 西南财经大学硕士学位论文.
刘友金, 罗发友. 2005. 基于焦点企业成长的集群演进机理研究——以长沙工程机械集群为例[J]. 管理世界, (10): 159-161.
刘志迎, 付丽华, 胡军燕. 2015. 技术引进、创新能力与企业绩效关系研究[J]. 管理现代化, 35(4): 70-72.
卢松泉. 2008. 供应链核心企业生成机理研究[D]. 武汉: 华中科技大学博士学位论文.
马丹. 2014. 企业高管信息化领导力结构模型和综合评价体系研究[D]. 郑州: 郑州大学硕士学位论文.
马士华. 2000. 论核心企业对供应链战略伙伴关系形成的影响[J]. 工业工程与管理, 5(1): 24-27.
马志坚. 2011. IBM 领导力评价体系解析[J]. 现代人才, (6): 50-51.
牛小华. 2005. 价值网时代竞争优势的主导者: 价值网企业[J]. 生产力研究, (9): 186-188.
邵理辰. 2012. 创新网络中核心企业网络权力对网络创新绩效的影响研究[J]. 中小企业管理与科技, 4(27): 129-130.
邵天. 2014. 领导力研究综述[J]. 河北工程大学学报(社会科学版), 31(1): 24-25.
沈宁. 2014. A 通信公司中层管理者领导力研究[D]. 南宁: 广西大学硕士学位论文.
史修松. 2006. 基于耗散结构理论的企业组织演化分析[J]. 现代管理科学, (6): 41-43.
斯蒂芬 · P. 罗宾斯. 1997. 组织行为学[M]. 孙建敏, 李原, 等译. 北京: 中国人民大学出版社.
斯蒂芬 · P. 罗宾斯, 戴维 · A. 德森佐, 亨利 · 穆恩. 2008. 管理学原理[M]. 毛蕴诗主译. 北京: 中国人民大学出版社.
宋华. 2009. 权力、信任对冲突解决机制及其伙伴关系持续影响研究[J]. 管理学报, 6(11): 1437-1443.
宋永涛, 苏秦, 李钊,等. 2009. 供应链关系质量对合作行为影响的实证研究[J]. 预测, 28(3): 27-33.
苏敬勤, 林海芬. 2013. 基于核心管理者的管理创新三维引进决策模型构建[J]. 管理评论, 25(4): 103-114.
宿晓. 2007. 生产企业供应链关系与跨组织成本管理方法选择[J]. 财会月刊: 综合版, (9): 26-28.
孙国强, 吉迎东, 张宝建, 等. 2016. 网络结构、网络权力与合作行为——基于世界旅游小姐大赛支持网络的微观证据[J]. 南开管理评论, (1): 43-53.
谭红军, 郭传杰, 霍国庆. 2011. 战略科学家领导力研究[J]. 科学学研究, 29(10):

1441-1448.
唐一之，张仲义. 2008. 基于本体的知识聚合策略[J]. 吉首大学学报(自然科学版)，29(2)：72-76.
童中贤. 2003. 领导力运行机制理论分析[J]. 领导科学论坛，(3)：30-32.
王长义，王大鹏，赵晓雯，等. 2010. 结构方程模型中拟合指数的运用与比较[J]. 现代预防医学，37(1)：7-9.
王芳. 2010. 领导力早期发展的初步探索[D]. 上海：华东师范大学博士学位论文.
王海花，谢富纪. 2012. 企业外部知识网络能力的结构测量——基于结构洞理论的研究[J]. 中国工业经济，(7)：134-146.
王敬东. 2014. 基于知识聚合的数字图书馆信息智能检索模型[J]. 图书馆学研究，(21)：72-76.
王书玲，李永峰. 2016. 供应链合作关系及其前因变量研究[J]. 物流科技，39(2)：123-126.
王喜闻. 2011. 核心企业主导的技术创新联盟稳定性研究[D]. 锦州：辽宁工业大学硕士学位论文.
王琰. 2006. 现代企业领导力研究[D]. 太原：山西财经大学硕士学位论文.
魏江，寒午. 1998. 企业技术创新能力的界定及其与核心能力的关联[J]. 科研管理，(6)：12-17.
温忠麟，侯杰泰，马什赫伯特. 2004. 结构方程模型检验：拟合指数与卡方准则[J]. 心理学报，36(2)：186-194.
邬爱其，贾生华. 2003. 产业演进与企业成长模式适应性调整[J]. 外国经济与管理，25(4)：15-20.
吴丰华，刘瑞明. 2013. 产业升级与自主创新能力构建——基于中国省际面板数据的实证研究[J]. 中国工业经济，(5)：57-69.
吴金明，钟键能，黄进良. 2007. “龙头企业”、“产业七寸”与产业链培育[J]. 中国工业经济，(1)：55-60.
吴军，李健，汪寿阳. 2006. 供应链风险管理中的几个重要问题[J]. 管理科学学报，9(6)：1-12.
吴松强，孙波，王路. 2017. 集群中核心企业网络权力对配套企业合作行为的影响—关系资本的调节效应[J]. 科技进步与对策，34(13)：81-88.
吴维库，富萍萍，刘军. 2002. 基于价值观的领导[M]. 北京：经济科学出版社.
吴晓波，刘清华. 2003. 基于知识观的战略联盟机理分析[J]. 研究与发展管理，15(1)：12-15.
武玉英，杨莹. 2009. 供应链核心企业的演化与发展[J]. 经济师，(7)：210-211.
肖小勇. 2009. 组织间知识转移实证研究——基于企业网络的视角[J]. 科学学与科

学技术管理, 30(7): 117-122.
谢康, 吴清津, 肖静华. 2002. 企业知识分享 学习曲线与国家知识优势[J]. 管理科学学报, 5(2): 14-21.
谢永平, 党兴华, 毛雁征. 2012. 技术创新网络核心企业领导力与网络绩效研究[J]. 预测, 31(5): 21-27.
谢永平, 党兴华, 张浩森. 2012. 核心企业与创新网络治理[J]. 经济管理, 34(3): 60-67.
谢永平, 郑倩林, 刘敏,等. 2016. 技术创新网络核心企业领导力影响因素研究[J]. 科技进步与对策, (24): 72-81.
徐碧琳, 李涛. 2011. 网络组织核心企业领导力与网络组织效率关系研究[J]. 经济与管理研究, (1): 108-116.
徐可, 何桢, 王瑞. 2015. 供应链关系质量与企业创新价值链——知识螺旋和供应链整合的作用[J]. 南开管理评论, 18(1): 108-117.
徐蕾, 魏江. 2013. 集群企业跨边界网络整合与二元创新能力共演——1989—2011 年的纵向案例研究[J]. 科学学研究, 31(7): 1093-1102.
徐丽静. 2014. 企业管理层领导力对员工敬业度的影响——企业绩效管理的调节作用[D]. 重庆: 重庆大学硕士学位论文.
许庆瑞. 2000. 研究、发展与技术创新管理[M]. 北京: 高等教育出版社.
许庆瑞, 吴志岩, 陈力田. 2013. 转型经济中企业自主创新能力演化路径及驱动因素分析——海尔集团 1984～2013 年的纵向案例研究[J]. 管理世界, (4): 121-134.
姚小涛, 席酉民. 2003. 社会网络理论及其在企业研究中的应用[J]. 西安交通大学学报(社会科学版), 23(3): 22-27.
叶飞, 李怡娜, 张红,等. 2009. 供应链信息共享影响因素、信息共享程度与企业运营绩效关系研究[J]. 管理学报, 6(6): 743.
殷茗, 赵嵩正. 2006. 基于制度的供应链协作信任实证研究[J]. 科研管理, 27(4): 98-103.
于博. 2015. 愿景型领导理论的研究进展和未来趋势[J]. 社科纵横, (1): 50-52.
俞达, 梁钧平. 2002. 对领导者-成员交换理论(LMX)的重新检验——一个新的理论模型[J]. 经济科学, 24(1): 5-18.
曾文杰, 马士华. 2011. 信任和权力对供应链协同影响的实证研究[J]. 武汉理工大学学报(信息与管理工程版), 33(2): 314-319.
翟鸿燊. 2001. 领导的力量[M]. 北京: 企业管理出版社.
张海涛, 张连峰, 王丹, 等. 2015. 基于自组织神经网络的图书馆关联知识聚合研究[J]. 情报理论与实践, 38(9): 73-78.
张金玉. 2013. 企业间权力对供应链关系质量影响的实证研究[D]. 吉林: 吉林大学

硕士学位论文.
张巧珍. 2014. 产业集群与核心企业的互动作用——基于晋江鞋业产业集群的调查研究[D]. 泉州: 华侨大学硕士学位论文.
张青林. 2005. 企业领导者的领导力[J]. 施工企业管理, (4): 38-39.
张睿. 2013. 核心企业的供应链融资运作机制研究[D]. 武汉: 武汉理工大学博士学位论文.
张莹. 2011. 供应链合作伙伴关系管理研究综述[J]. 商场现代化, (12): 31-32.
张芝和. 2010. GE 领导力模型对领导力提升的借鉴作用[J]. 领导科学, (12Z): 38-39.
赵倩, 武忠. 2007. 面向业务流程的知识共享模型研究[J]. 情报杂志, 26(9): 84-86.
赵雪芹. 2015. 知识聚合与服务研究现状及未来研究建议[J]. 情报理论与实践, 38(2): 132-135.
赵志耘, 杨朝峰. 2013. 转型时期中国高技术产业创新能力实证研究[J]. 中国软科学, (1): 32-42.
中国科学院"科技领导力研究"课题组. 2006. 领导力五力模型研究[J]. 领导科学, (9): 20-23.
周智红, 王二平. 2000. 作业绩效和关系绩效[J]. 心理学动态, 18(1): 54-57.
Adler N J. 2012. Leadership artistry: Daring to care[J]. Organizational Aesthetics,1(1): 5-10.
Ahuja G. 2000. Collaboration networks, structural holes, and innovation: A longitudinal study[J]. Administrative Science Quarterly, 45(3): 425-455.
Arino A. 2003. Measures of strategic alliance performance: An analysis of construct validity[J]. Journal of International Business Studies, 34(1): 66-79.
Baden-Fuller L C. 1995. Creating a strategic center to manage a web of partners[J]. California Management Review, 37(3): 146-163.
Barton G J, Russell R B, Livingstone C D. 1992. Generation and interpretation of protein sequence and structural multiple alignments[J]. Journal of Protein Chemistry, 11(4): 389-389.
Bass B M, Avolio B J, Jung D I, et al. 2003. Predicting unit performance by assessing transformational and transactional leadership[J]. Journal of Applied Psychology, 88(2): 207-218.
Belaya V, Gagalyuk T, Hanf J. 2009. Measuring asymmetrical power distribution in supply chain networks: What is the appropriate method?[J]. Journal of Relationship Marketing, 8(2): 165-193.
Bennis W G. 1959. Leadership theory and administrative behavior: The problem of authority[J]. Administrative Science Quarterly, 4(3): 259-301.

Bock G W, Zmud R W, Kim Y G, et al. 2005. Behavioral intention formation in knowledge sharing: Examining the roles of extrinsic motivators, social-psychological forces, and organizational climate[J]. Mis Quarterly, 29(1): 87-111.

Boomsma A. 1985. Nonconvergence, improper solutions, and starting values in lisrel maximum-likelihood estimation[J]. Psychometrika, 50(2): 229-242.

Borman W C, Motowidlo S J. 1993. Expanding the criterion domain to include elements of contextual performance[M]. San Francisco: Jossey-Bass.

Boyd B. 1990. Corporate linkages and organizational environment: A test of the resource dependence model[J]. Strategic Management Journal, 11(6): 419-430.

Boyle B, Dwyer F R, Robicheaux R A, et al. 1992. Influence strategies in marketing channels: Measures and use in different relationship structures[J]. Journal of Marketing Research, 29(November): 462-473.

Brief A P, Motowidlo S J. 1986. Prosocial organizational behaviors[J]. Academy of Management Review, 11(4): 710-725.

Burgelman R A. 1985. Managing corporate entrepreneurship: New structures for implementing technological innovation[J]. Technology in Society, 7(2): 91-103.

Burns J M. 1978. Leadership[J]. American Journal of Sociology, 1(1): 11-12.

Campbell J P, McCloy R A, Oppler S H, et al. 1993. A theory of performance[M]. San Francisco: Jossey-Bass.

Carter J R, Narasimhan R. 2010. Purchasing and supply management: future directions and trends[J]. International Journal of Purchasing and Materials Management, 32(4): 2-12.

Cashman K, Walsh P. 2007. Follow the leader.(CEO leadership)[J]. Leadership Quarterly, 17(4): 416-417..

Chapman E, O'Neil S L. 2004. 发现，然后培育你的领导力（第三版）[M]. 郑春蕾译. 北京：京华出版社.

Cheng C. 2011. Confucian global leadership in Chinese tradition: Classical and contemporary[J]. Journal of Management Development, 30(7/8): 647-662.

Chowdhury S. 2005. The role of affect and cognition based trust in complex knowledge sharing[J]. Journal of Managerial Issues, 17(3): 310-326.

Clemson T, Evans T S. 2012. The emergence of leadership in social networks[J]. Physica A Statistical Mechanics & Its Applications, 391(4): 1434-1444.

Clercq D D, Dimov D, Clark T, et al. 2010. Internal knowledge development and external knowledge access in venture capital investment performance[J]. Journal of Management Studies, 45(3): 585-612.

Clercq R D. 2007. 106th BULLETIN of the International Psycho-Analytical Association[J]. Int J Psychoanal, 35 (2) : 267-290.

Comrey A L, Lee H B. 1992. A First course in Factor Analysis[M]. Hillsdale: Lawrence Erlbaum.

Conger J A, Kanungo R N. 1988. Charismatic leadership: The elusive factor in organizational effectiveness[J]. Administrative Science Quarterly, 35 (4) : 732.

Covey S R. 2010. The habits of effective organizations[J]. Leader to Leader, 3:22-28.

Cowan R, Jonard N, Özman M. 2004. Knowledge dynamics in a network industry[J]. Technological Forecasting & Social Change, 71 (5) : 469-484.

Crosby L A, Evans K R, Cowles D. 1990. Relationship quality in service selling: An interpersonal influence perspective[J]. Journal of Marketing, 54 (3) : 68-81.

Cummings J L, Teng B S. 2003. Transferring R & D knowledge: The key factors affecting knowledge transfer success[J]. Journal of Engineering and Technology Management, 20 (1-2) : 39-68.

Currie G, Grubnic S, Hodges R. 2011. Leadership in public services networks: Antecedents, process and outcome [J]. Public Administration, 89 (2) : 242-264.

Dantas E, Bell M. 2011. The co-evolution of firm-centered knowledge networks and capabilities in late industrializing countries: The case of Petrobras in the offshore oil innovation system in Brazil [J]. World Development, 39 (9) : 1570-1591.

Das T K, Teng B S. 2003. Partner analysis and alliance performance[J]. Scandinavian Journal of Management, 19 (3) : 279-308.

Dutta S, Narasimhan O, Rajiv S. 2005. Conceptualizing and measuring capabilities: Methodology and empirical application[J]. Strategic Management Journal, 26 (3) : 277-285.

Elsner W, Hocker G, Schwardt H. 2010. Simplistic vs. complex organization: Markets, hierarchies, and networks in an organizational triangle: A simple heuristic to analyze real-world organizational forms[J]. Journal of Economic Issues, 44 (1) : 1-29.

Emerson R M. 1962. Power-Dependence relations[J]. American Sociological Review, 27 (1) : 31-41.

Enberg C. 2012. Enabling knowledge integration in coopetitive R&D projects: The management of conflicting logics[J]. International Journal of Project Management, 30 (7) : 771-780.

Eric D, Terri R. 2000. An investigation of partner similarity dimensions on knowledge transfer[J]. Organizational Behavior & Human Decision Processes, 82 (1) : 28-44.

Escribano A, Fosfuri A, Tribó J A. 2009. Managing external knowledge flows: The moderating role of absorptive capacity[J]. Research Policy, 38(1): 96-105.

Fiedler F E. 1962. Leader attitudes, group climate, and group creativity[J]. The Journal of Abnormal and Social Psychology, 65(5): 308-318.

Forsman H. 2011. Innovation capacity and innovation development in small enterprises. A comparison between the manufacturing and service sectors[J]. Research Policy, 40(5): 739-750.

French J R PJr, Raven B. 1959. The bases of social power[M]. Lansing: University of Michigan.

Fynes B, Voss C, Búrca S D. 2005. The impact of supply chain relationship dynamics on manufacturing performance[J]. International Journal of Production Economics, 96(3): 339-354.

Gardet E, Mothe C. 2011. The dynamics of coordination in innovation networks[J]. European Management Review, 8 (4): 213-229.

Gay B, Dousset B. 2005. Innovation and network structural dynamics: Study of the alliance network of a major sector of the biotechnology industry[J]. Research Policy, 34(10): 1457-1475.

Geiger S, Storbacka K, Ryals L, et al. 2009. The changing role of sales: Viewing sales as a strategic, cross-functional process[J]. European Journal of Marketing, 43(7/8): 890-906.

Gemünden H G, Ritter T, Heydebreck P. 1996. Network configuration and innovation success: An empirical analysis in German high-tech industries[J]. International Journal of Research in Marketing, 13(5): 449-462.

Gindis D, Baudry B. 2005. The V-Network form: Economic Organization and the Theory of the Firm[Z]. Lyon: University of Lyon‘ Working Paper’.

Giuliani E. 2003. Knowledge in the air and its uneven distribution: A story of a Chilean Wine Cluster[R]. Copenhagen: The DRUID Winter Conference.

Grant R M. 1996. Toward a knowledge-based theory of the firm[J]. Strategic Management Journal, 17(S2): 109-122.

Guan J, Ma N. 2003. Innovative capability and export performance of Chinese firms [J]. Technovation, 23(9): 737-747.

Guilford J P. 1931. The Prediction of Affective Values[J]. American Journal of Psychlogy, 43(3): 469-478.

Guilford J P. 1965. Fundamental Statistics in Psychology and Education[M]. 4th ed. New York: McGraw-Hill.

Guillén G, Mele F D, Bagajewicz M J, et al. 2005. Multiobjective supply chain design under uncertainty[J]. Chemical Engineering Science, 60(6): 1535-1553.

Hagedoorn J, Cloodt M. 2003. Measuring innovative performance: Is there an advantage in using multiple indicators?[J]. Research Policy, 32(8): 1365-1379.

Hansen M T, Haas M R. 2001. Competing for attention in knowledge markets: Electronic document dissemination in a management consulting company[J]. Administrative Science Quarterly, 46(1): 1-28.

Hansen M T, Mors M L, Løvås B. 2005. Knowledge sharing in organizations: Multiple networks, multiple phases[J]. Academy of Management Journal, 48(5): 776-793.

Harland C. 1997. Supply chain operational performance roles[J]. Integrated Manufacturing Systems, 8(2): 70-78.

Heide. 2012. Dynamic knowledge mapping: A visualization approach for knowledge management systems[C]. Hawaii: International Conference on System Science.

Heimeriks K H, Duysters G. 2007. Alliance capability as a mediator between experience and alliance performance: An empirical investigation into the alliance capability development process[J]. Journal of Management Studies, 44(1): 25-49.

Heimeriks K H, Schijven M, Gates S R. 2012. Manifestations of higher-order routines: The underlying mechanisms of deliberate learning in the context of post-acquisition integration[J]. Social Science Electronic Publishing, 55(3): 93-94.

Hennig T, Klee A. 1997. The Impact of customer satisfaction and relationship quality on customer retention: A critical reassessment and model development[J]. Psychology & Marketing, 14: 737-765.

Hersey P, Blanchard K H. 1969. Management of organizational behavior: Utilizing human resources[J]. Industrial and Labor Relations Review, 8(9): 22.

Hewett K, Money R B, Sharma S. 2002. An exploration of the moderating role of buyer corporate culture in industrial buyer-seller relationships[J]. Journal of the Academy of Marketing Science, 30(3): 229-239.

Hogan R, Curphy G, Hogan J. 1994. What we know about leadership: Effectiveness and personality[J]. American Psychologist, 49 (6): 493.

Holm D, Eriksson K, Johanson J. 1996. Business networks and cooperation in international business relationships[J]. Journal of International Business Studies, 27(5): 1033-1053.

Horne S, Naudé P. 2000. Worthington S. Knowledge gaps between participants in a triadic relationship[J]. International Journal of Bank Marketing, 18(6): 287-293.

House R J A . 1977. A 1976 theory of charismatic leadership. Working Paper Series

76-06[J]. Bibliographies, 1977: 38.

Howell J P, Costley D L, Hall P. 2005. Understanding behaviors for effective leadership[J]. Journal of Organizational Change Management, 16(3): 353-355.

Hu Li - tze, Bentler P M. 1999. Cutoff criteria for fit indexes in covariance structure analysis: Conventional criteria versus new alternatives[J]. Structural Equation Modeling, 6(1): 1-55.

Huntley J K. 2006. Conceptualization and measurement of relationship quality: Linking relationship quality to actual sales and recommendation intention[J]. Industrial Marketing Management, 35(6): 703-714.

Ignatiadis I, Nandhakumar J. 2007. The impact of enterprise systems on organizational resilience[J]. Journal of Information Technology, 22(1): 36-43.

Ireland R D, Webb J W. 2007. A multi-theoretic perspective on trust and power in strategic supply chains[J]. Journal of Operations Management, 25(2): 482-497.

Jarillo J C. 1995. Strategic Networks: Creating the Borderless Organization[M]. London:Routledge.

Johnson J L, Cullen J B, Sakano T, et al. 1996. Setting the stage for trust and strategic integration in Japanese-U.S. cooperative alliances[J]. Journal of International Business Studies, 27(5): 981-1004.

Jokisaari M. 2013. The role of leader-member and social network relations in new comers' role performance[J]. Journal of Vocational Behavior, 82(2): 96-104.

Kasulis J J, Spekman R E. 1993. A framework for the use of power[J]. European Journal of Marketing, 14(4): 180-191.

Katz D, Kahn R L. 1970. The social psychology of organizations[J]. Administrative Science Quarterly, 10(1): 118.

Kogut B, Zander U. 1992. Knowledge of the firm, combinative capabilities, and the replication of technology[J]. Organisation Science, 3(3): 383-397.

Kotter J P. 1997. Leading change: A conversation with John P. Kotter[J]. Strategy & Leadership, 25(1): 18-23.

Kouzes J M, Posner B Z. 1998. The leadership challenge: How to get extraordinary things done in organizations[J]. Leadership Quarterly, 7(11): 154.

Krajewski L, Wei J C, Tang L L. 2005. Responding to schedule changes in build-toorder supply chains[J]. Journal of Operations Management, 23(5): 452-469.

Lages C, Lages L F. 2005. Antecedents of managerial public relations: A structural model examination[J]. European Journal of Marketing, 39(1/2): 110-128.

Langen N, Adenaeuer L. 2013. Where does the fair trade price premium go? Confronting consumers' request with reality[J]. Social Enterprise Journal, 9 (3) : 293-314.

Lazerson M, Lorenzoni G. 1999. The firms that feed industrial districts: A return to the Italian source[J]. Industrial and Corporate Change, 8 (2) : 235-266.

Long C S, Ghazali N I, Tan K O, et al. 2014. Innovation Capability in the Manufacturing Sector: A Review in the Perspective of Knowledge Sharing Factors[J]. Advanced Materials Research, 909: 5.

Lui S S, Ngo H Y, Hon A H Y. 2006. Coercive strategy in interfirm cooperation: Mediating roles of interpersonal and interorganizational trust[J]. Journal of Business Research, 59 (4) : 466-474.

Lyles M A, Baird I S. 1994. Performance of international joint ventures in two eastern european countries: The case of hungary and poland[J]. Mir: Management International Review, 34 (4) : 313-329.

Maccallum R C, Widaman K F, Preacher K J, et al. 2001. Sample size in factor analysis: The role of model error[J]. Multivariate Behav Res, 36 (4) : 611-637.

Malipiero A, Munari F, Sobrero M. 2007. Focal firms as technological gatekeepers within industrial districts: Knowledge creation and dissemination in the Italian packaging machinery industry[J]. Alzheimers Care Quarterly, 8 (1) :65-74.

Maloni M J, Benton W C. 2000. Power influences in the supply chain[J]. Journal of Business Logistics, 21 (1) : 49-73.

Marqués D P, Simón F J G. 2006 .The effect of knowledge management practices on firm performance[J]. Journal of Knowledge Management, 10 (3) : 143-156.

Massaro M, Moro A, Aschauer E, et al. 2017. Trust, control and knowledge transfer in small business networks[J]. Review of Managerial Science, 13 (2) : 1-35.

Maxwell D. 2003. The leadership vacuum[J]. Modern Language Journal, 87 (4) : 595-597.

Menberu L. 2002. Supply chain management: Strategy, planning and operation[J]. Iie Transactions, 34 (2) : 221-222.

Meyer M H, Utterback J M, 1993. The product family and the dynamics of core capability[J]. Sloan Management Review, 34 ( 3) : 29-47.

Mohr J, Spekman R. 1994. Characteristics of partnership success: Partnership attributes, communication behavior, and conflict resolution techniques[J]. Strategic Management Journal, 15 (2) : 135-152.

Morrison A. 2008. Gatekeepers of knowledge? Within industrial districts: Who they are, how they interact[J]. Regional Studies, 42 (6) : 817-835.

Moynihan D P. 2009. The network governance of crisis response: Case studies of incident command systems[J]. Journal of public administration research and theory, 19(4): 895-915.

Muller P, Pénin J. 2006. Why do firms disclose knowledge and how does it matter?[J]. Journal of Evolutionary Economics, 16(1-2): 85-108.

Müller-Seitz G. 2012. Leadership in interorganizational networks: A literature review and suggestions for future research[J]. International Journal of Management Reviews, 14(4): 428-443.

Narayandas K N. 1995. Long-term manufacturer-supplier relationships: Do they pay off for supplier firms?[J]. Journal of Marketing, 59(1): 1-16.

Newman M E J. 2001. Scientific collaboration networks. II. Shortest paths, weighted networks, and centrality[J]. Physical review E, 64(1 Pt 2): 016132.

Nonaka I, Peltokorpi V. 2006. Visionary knowledge management: The case of Eisai transformation[J]. International Journal of Learning & Intellectual Capital, 3(2): 109-129.

Nunnally J C. 1978. Psychometric theory[J]. American Educational Research Journal, 5(3): 83.

Organ D W. 1983. Organizational citizenship behavior: The good soldier syndrome[M]. Lexington, MA: Lexington Books.

Orsenigo L, Pammolli F, Riccaboni M. 2007. Technological change and network dynamics: Lessons from the pharmaceutical industry[J]. Research Policy, 30(3): 485-508.

Palaciosmarqués D, Garrigóssimón F J, Devececarañana C. 2006. The effect of innovation on intellectual capital: An empirical evaluation in the biotechnology and telecommunications industries[J]. International Journal of Innovation Management, 10 (1): 89-112.

Park N K, Cho D S. 1997. The effect of strategic alliance on performance: A study of international airline industry[J]. Journal of Air Transport Management, 3(3): 155-164.

Parkhe A. 1993. Strategic alliance structuring: A game theoretic and transaction cost examination of interfirm cooperation[J]. Academy of Management, 36(4): 794-829.

Parsons D O. 1978. The autocorrelation of earnings, human wealth inequality, and income contingent loans[J]. Quarterly Journal of Economics, 92(4): 551-569.

Pfeffer J, Salancik G R. 2003. The external control of organizations: A resource dependence perspective[J]. Social Science Electronic Publishing, 23(2): 123-133.

Pittaway L A, Robertson M, Munir K, et al. 2010. Networking and innovation: A systematic review of the evidence[J]. International Journal of Management Reviews, 5(3-4): 137-168.

Podsakoff P M, Ahearne M, Mackenzie S B. 1997. Organizational citizenship behavior and the quantity and quality of work group performance[J]. Journal of Applied Psychology, 82(2): 262-270.

Powell O S W. 2004. Knowledge networks as channels and conduits: The effects of spillovers in the Boston biotechnology community[J]. Organization Science, 15(1): 5-21.

Quinn J B, Anderson P, Finkelstein S. 1996. Managing professional intellect: Making the most of the best[J]. Harvard Bus Rev, 74(2): 71.

Rampersad G, Quester P, Troshani I. 2010. Managing innovation networks: Exploratory evidence from ICT, biotechnology and nanotechnology networks[J]. Industrial Marketing Management , 39(5): 793-805.

Ren H, Gray B, Kim K. 2009. Performance of international joint ventures: What factors really make a difference and how?[J]. Journal of management, 35(3): 805-832.

Ritter T, Gemünden H G. 2003. Interorganizational relationships and networks: An overview[J]. Journal of Business Research, 56(9): 691-697.

Rogers E M. 1997. Diffusion of innovations[J]. Journal of Continuing Education in the Health Professions, 17(1): 62-64.

Rowley J. 2003. Knowledge management-the new librarianship? From custodians of history to gatekeepers to the future[J]. Library Management, 24(8/9): 433-440.

Schilling M A, Phelps C, Porac J, et al. 2008. The global technology collaboration network: Structure, trends, and implications[D]. Dissertation Paper. New York University.

Schreiner M, Kale P, Corsten D. 2009. What really is alliance management capability and how does it impact alliance outcomes and success?[J]. Strategic Management Journal, 30(13): 25.

Schumpeter J. 1928. International cartels and their relation to world trade[J]. Proceedings of the Academy of Political Science in the City of New York, 12(4): 110-115.

Schumpeter J A. 1909. On the Concept of Social Value[J]. Quarterly Journal of Economics, 23(2): 213-232.

Sher P J, Yang P Y. 2005. The effects of innovative capabilities and R&D clustering on firm performance[J]. Technovation, 25(1): 33-43.

Song J, Chen J. 2013. Core enterprise leadership style, inter-organizational trust and cooperation performance[C]. Xi'an: The 6th International Conference on

Information Management, Innovation Management and Industrial Engineering.

Song M, Thieme R J. 2006. A cross-national investigation of the R&D-marketing interface in the product innovation process[J]. Industrial Marketing Management, 35(3): 308-322.

Spencer J W. 2003. Firms' knowledge-sharing strategies in the global innovation system: Empirical evidence from the flat panel display industry[J]. Strategic Management Journal, 24 (3): 217-233.

Strutton H D, Pelton L E, Lumpkin J R. 1992. The effect of consumer perceptions on generic OTC usage among the elderly[J]. Health Marketing Quarterly, 10(1-2): 169-184.

Su Q, Song Y T, Li Z, et al. 2008. The impact of supply chain relationship quality on cooperative strategy[J]. Journal of Purchasing and Supply Management, 14(4): 263-272.

Subramaniam M, Youndt M A. 2005. The Influence of intellectual capital on the types of innovative capabilities[J]. Academy of Management Journal, 48(3): 450-463.

Szilagyi A D. 1977. An empirical test of causal inference between role perceptions, satisfaction with work, performance and organizational level[J]. Personnel Psychology, 30(3): 375-388.

Tsai W. 2000. Social capital strategy relatedness and the formation of intra-organizational linkages[J]. Strategic Management Journal, 21(9): 925-939.

Tsai W. 2001. Knowledge transfer in intraorganizational networks: Effects of network position and absorptive capacity on business unit innovation and performance[J]. Academy of Management Journal, 44 (5): 996-1004.

Uzzi B. 1997. Social structure and competition in interfirm networks: The paradox of embeddedness[J]. Administrative Science Quarterly, 42(1): 35-67.

Van Scotter J R, Motowidlo S J. 1996. Interpersonal facilitation and job dedication as separate facets of contextual performance[J]. Journal of Applied Psychology, 81(5): 525-531.

Vanhaverbeke W, Gilsing V, Beerkens B, et al. 2009. The role of alliance network redundancy in the creation of core and non-core technologies[J]. Journal of Management Studies, 46(2): 215-244.

Vurro C, Russo A, Perrini F. 2009. Shaping sustainable value chains: Network determinants of supply chain governance models[J]. Journal of Business Ethics, 90(4): 607-621.

Westphal L E, Rhee Y W, Pursell G. 1981. Sources of Technological Capability in South

Area[M]. London : Palgrave Macmillan.

Williams T C . 1990. The Idea of the Miraculous[M]. UK: Palgrave Macmillan.

Wilson D T, Jantrania S. 1994. Understanding the value of a relationship[J]. Asia-Australia Marketing Journal, 2(1): 55-66.

Winter S, Nelson R. 1982. An evolutionary theory of economic change[M]. Network: Social Science Electronic Publishing.

Wong A, Tjosvold D, Zhang P. 2005. Developing relationships in strategic alliances: Commitment to quality and cooperative interdependence[J]. Industrial Marketing Management, 34(7): 722-731.

Woo K S, Ennew C T. 2004. Business-to-business relationship quality: An IMP interaction-based conceptualization and measurement[J]. European Journal of Marketing, 38(9): 1252-1271.

Wuyts S H K, Geyskens I. 2005. The formation of buyer-supplier relationships: Detailed contract drafting and close partner selection[J]. Journal of Marketing, 69(4): 103-117.

Yeung J H Y, Selen W, Zhang M, et al. 2009. The effects of trust and coercive power on supplier integration[J]. International Journal of Production Economics, 120(1): 66-78.

Youmin X F T, 2004. Multiplex multi-core pattern of network organizations: An exploratory study[J]. Computational & Mathematical Organization Theory, 10 (2) : 179-195.

Young L C, Wilkinson L F, 1998. The space between: Towards a typology of interfirm relations[J]. Journal of Business-to-Business Marketing, 4(2): 53- 97.

Zaheer A, Bell G G, 2005. Benefiting from network position: Firm capabilities, structural holes, and performance[J]. Strategic Management Journal, 26(9): 809-825.

Zhao H, Tong X, Wong P K, et al. 2005. Types of technology sourcing and innovative capability: An exploratory study of Singapore manufacturing firms[J]. Journal of High Technology Management Research, 16(2): 209-224.

Zhao X, Huo B, Flynn B B, et al. 2008. The impact of power and relationship commitment on the integration between manufacturers and customers in a supply chain[J]. Journal of Operations Management, 26(3): 368-388.

Zucker L G, 1986. Production of trust: Institutional sources of economic structure, 1840-1920[J]. Research in Organizational Behavior, 8(2): 53-111.

# 附　　录

# 附录一　创新网络中核心企业领导力影响因素的问卷调查

尊敬的先生/女士：

您好！

首先感谢您在百忙之中抽出时间参加本次问卷调查。您将要看到的是一份学术问卷，目的在于研究创新网络中核心企业领导力的影响因素。本次调查的对象是您所在的公司或企业，问卷填写采取匿名方式，答案无对错之分，所有资料仅供学术研究之用，不会用于任何商业用途。希望能够借助您在业界工作的经验，支持学术上的观点，从而得出具有指导意义的研究报告。若您需要本书成果摘要，请提供个人通信资料，以便本书完成后及时反馈。

我们郑重承诺，您对本问卷中的所有回答都将**严格保密**，本次调查的结果**不会用于任何形式的个人表现评价**，因此请您放心回答，**并请提供真实有效的信息**。衷心感谢您的合作与支持！

此致

敬礼！

西安电子科技大学经济与管理学院

---

问卷填写说明

1.请根据自己的实际情况或真实感受选择最接近您实际情况的答案，若您收到的问卷是纸质版，请在相应的位置打"√"；若您收到的问卷是电子版，请按照指示标记相应的答案。

2.您填写的信息对本书非常重要，请将问卷中的所有问题答完。

---

下述题项描述了您个人及所在企业的基本情况，请根据您的实际情况填写或直接在对应的选项上打"√"。

一、基本资料

1. 您的性别：

A. 男　　B. 女

2. 您的年龄：

3. 您的学历：

A. 硕士及以上　　B. 本科

C. 大专　　D. 高中/中专及以下

4. 贵公司或企业的名称（可不填）：

5. 贵公司或企业所属行业是：

A. IT 及电子相关行业　　B. 生物及制药相关行业

C. 化工相关行业　　D. 其他（请注明）：

6. 贵公司或企业的类别属于：

A. 国有企业　　B. 民营企业

C. 三资企业　　D. 其他（请注明）：

7. 您在贵公司的职务是：

A. 高层管理者　　B. 中层管理者

C. 技术人员　　D. 一般职工

E. 其他

二、相关问题选项

此部分问题是对创新网络中核心企业领导力影响因素的重要性进行测度，调查对象是贵企业，请根据您个人的经验与实践来判断本问卷的问题并选择相应的答案，对于以下问题，根据对核心企业领导力影响程度的不同，您的意见分为：5——非常重要；4——比较重要；3——一般；2——比较不重要；1——非常不重要五个标准。

| 序号 | 题项 | 1 | 2 | 3 | 4 | 5 |
|---|---|---|---|---|---|---|
| 1 | 企业拥有大量的技术专利 | | | | | |

续表

| 序号 | 题项 | 1 | 2 | 3 | 4 | 5 |
|---|---|---|---|---|---|---|
| 2 | 企业拥有大量的技术人员 | | | | | |
| 3 | 企业所拥有的知识是非常稀有的 | | | | | |
| 4 | 企业所拥有的核心技术很难被其他企业模仿 | | | | | |
| 5 | 企业重视对高新技术人员的培养 | | | | | |
| 6 | 企业有充足稳定的科研经费 | | | | | |
| 7 | 企业主动与创新企业发展合作关系 | | | | | |
| 8 | 企业能够与合作企业建立良好合作关系 | | | | | |
| 9 | 企业员工与合作企业的员工私下有交流 | | | | | |
| 10 | 企业能够对合作者实施广泛影响 | | | | | |
| 11 | 企业能够为合作者着想 | | | | | |
| 12 | 企业能够处理分歧，以达到让双方满意的效果 | | | | | |
| 13 | 企业善于组合网络中的资源 | | | | | |
| 14 | 企业有很多合作企业 | | | | | |
| 15 | 企业的合作企业大多处于不同行业 | | | | | |
| 16 | 企业与合作企业的交往频繁 | | | | | |
| 17 | 企业与政府机构的交往频繁 | | | | | |
| 18 | 企业与科研机构的交往频繁 | | | | | |
| 19 | 企业与金融机构的交往频繁 | | | | | |
| 20 | 企业领导者能够接受不同的见解 | | | | | |
| 21 | 企业领导者能够井然有序地安排各种工作 | | | | | |
| 22 | 企业领导者能够积极与他人沟通 | | | | | |
| 23 | 企业领导者会同员工乐观地讨论未来 | | | | | |
| 24 | 企业领导者能够考虑未来企业可能遇到的风险 | | | | | |
| 25 | 企业领导者能够果断、有效地做出有利于企业发展的决定 | | | | | |

# 附录二　核心企业领导力对网络创新能力、联盟绩效的影响研究的问卷调查

尊敬的先生/女士：

您好！

首先感谢您在百忙之中抽出时间参加本次问卷调查。您将要看到的是一份学术问卷，目的在于研究创新网络中核心企业领导力对网络创新能力、联盟绩效的影响。本次调查的对象是您所在的公司或企业，问卷填写采取匿名方式，答案无对错之分，所有资料仅供学术研究之用，不会用于任何商业用途。希望能够借助您在业界工作的经验，支持学术上的观点，从而得出具有指导意义的研究报告。若您需要本书成果摘要，请提供个人通信资料，以便本书完成后及时反馈。

我们郑重承诺，您对本问卷中的所有回答都将**严格保密**，本次调查的结果**不会用于任何形式的个人表现评价**，因此请您放心回答，**并请提供真实有效的信息**。衷心感谢您的合作与支持！

此致

敬礼！

西安电子科技大学经济与管理学院

---

问卷填写说明

1.请根据自己的实际情况或真实感受选择最接近您实际情况的答案，若您收到的问卷是纸质版，请在相应的位置打“√”；若您收到的问卷是电子版，请按照指示标记相应的答案。

2.您填写的信息对本书非常重要，请将问卷中的所有问题答完。

---

## 第一部分：基本信息

请仔细阅读下列问题，并在相应的选项处打“√”。

1. 您的年龄：

（1）≤25 岁　（2）26～30 岁　（3）31～40 岁　（4）≥41 岁

2. 您的性别：

（1）男　（2）女

3. 您的学历：

（1）大专及以下　（2）本科　（3）硕士　（4）博士

4. 您工作单位所属行业类别：

（1）电子信息行业　（2）高科技生物制药业　（3）其他行业

5. 贵单位员工数量：

（1）<50 人　（2）50～150 人（3）150～500 人（4）>500 人

6. 贵单位的成立时间：

（1）≤5 年　（2）6～10 年　（3）11～15 年　（4）≥16 年

7. 您在贵单位的工作时间：

（1）3～5 年　（2）6～10 年　（3）11～15 年　（4）≥16 年

8. 您在创业团队中的角色：

（1）一般管理人员　（2）高级管理人员　（3）一般技术人员

（4）高级技术人员　（5）其他

## 第二部分：核心企业领导力及其维度测量

结合自身实际，请标明您对下列描述的认同程度，并在相应选项处打“√”。

表中：1=极不同意；2=较不同意；3=不确定；4=基本同意；5=非常同意。

| 问题 | | 1 | 2 | 3 | 4 | 5 |
|---|---|---|---|---|---|---|
| 示例：我需要参加团队组织的相关培训 | | | | | √ | |
| 影响力 | | 1 | 2 | 3 | 4 | 5 |
| 1 | 处于领导地位的合作伙伴对我的行为具有约束作用（我能约束合作伙伴的行为） | | | | | |
| 2 | 处于领导地位的合作伙伴对我的业务要求，我能很好地执行与完成（我对合作伙伴的业务要求，他们能很好地执行与完成） | | | | | |

续表

| 协调力 | | 1 | 2 | 3 | 4 | 5 |
|---|---|---|---|---|---|---|
| 3 | 处于领导地位的合作伙伴能使各组织职责分明、指挥得体并使合作伙伴合作协调一致（我能使各合作伙伴职责分明，并能指挥合作伙伴合作协调一致） | | | | | |
| 4 | 处于领导地位的合作伙伴能够有效处理联盟内部的冲突，调解联盟内部关系（我能有效处理联盟内部冲突，调解成员间关系） | | | | | |
| 5 | 处于领导地位的合作伙伴能够通过有效的控制来发展和维持网络组织的目标一致性（我能使各合作伙伴职责分明，并能指挥各合作伙伴协调一致） | | | | | |
| 引领力 | | 1 | 2 | 3 | 4 | 5 |
| 6 | 因发展需要，当处于领导地位的合作伙伴做出战略改变时，我会毫不犹豫地追随他（当我做出战略改变时，我的合作伙伴会毫不犹豫地追随我） | | | | | |
| 7 | 当环境变化时，处于领导地位的合作伙伴能做出正确的决策以适应环境（当环境变化时，我能做出正确的决策以适应环境） | | | | | |
| 8 | 处于领导地位的合作伙伴能根据现实的环境与条件做出正确的发展战略（我能根据现实的环境与条件做出正确的发展战略） | | | | | |

## 第三部分：知识聚合及其维度测量

结合自身实际，请标明您对下列描述的认同程度，并在相应选项处打“√”。

表中：1=极不同意；2=较不同意；3=不确定；4=基本同意；5=非常同意。

| 知识转移 | | 1 | 2 | 3 | 4 | 5 |
|---|---|---|---|---|---|---|
| 1 | 新技术知识在网络内部成员间具有一定的共享性 | | | | | |
| 2 | 网络内部存在某个成员企业具备较强的知识集成、转移能力 | | | | | |
| 3 | 网络成员间经常发生新技术知识相互传播、交流的情况 | | | | | |
| 4 | 网络成员企业间可以实现开放式交互学习以获得外部新技术知识 | | | | | |
| 知识创造 | | 1 | 2 | 3 | 4 | 5 |
| 5 | 我们善于吸收、利用来自外部的新技术知识，形成新的发展潜力 | | | | | |
| 6 | 我们有充足的技术人员、资金进行新技术的研发 | | | | | |
| 7 | 我们企业的新技术知识对网络整体技术发展具有重要作用 | | | | | |
| 8 | 网络中很多新技术知识的形成来源于网络内部的知识交流 | | | | | |

## 第四部分：网络创新能力及其维度测量

结合自身实际，请标明您对下列描述的认同程度，并在相应选项处打“√”。

表中：1=极不同意；2=较不同意；3=不确定；4=基本同意；5=非常同意。

| | 网络创新能力 | 1 | 2 | 3 | 4 | 5 |
|---|---|---|---|---|---|---|
| 1 | 我们企业具备通过自主研发不断获得新专利授权和发明新产品的能力 | | | | | |
| 2 | 我们企业比较重视对提升企业创新能力的各项投入 | | | | | |
| 3 | 我们企业不断加强有助于提升创新能力的学习和培训 | | | | | |
| 4 | 网络内部存在某个成员企业对网络整体创新能力起引领作用的情况 | | | | | |
| 5 | 网络成员企业间存在通过相互协作共同提升创新能力的情况 | | | | | |
| 6 | 网络内部存在通过企业间相互协作发明新专利或获得新专利授权的情况 | | | | | |

## 第五部分：网络协调测量

结合自身实际，请标明您对下列描述的认同程度，并在相应选项处打“√”。

表中：1=极不同意；2=较不同意；3=不确定；4=基本同意；5=非常同意。

| | 网络协调 | 1 | 2 | 3 | 4 | 5 |
|---|---|---|---|---|---|---|
| 1 | 我所处的联盟内部不存在矛盾与冲突（联盟内部的矛盾和冲突可以得到妥善处理） | | | | | |
| 2 | 通过企业间合作，我认为合作伙伴是值得信任的 | | | | | |
| 3 | 我所在的企业还会继续参与该战略联盟 | | | | | |
| 4 | 我会向其他企业推荐我们的战略合作伙伴 | | | | | |
| 5 | 我所处的联盟内部关系融洽 | | | | | |

## 第六部分：知识共享测量

结合自身实际，请标明您对下列描述的认同程度，并在相应选项处打“√”。

表中：1=极不同意；2=较不同意；3=不确定；4=基本同意；5=非常同意。

| | 知识共享 | 1 | 2 | 3 | 4 | 5 |
|---|---|---|---|---|---|---|
| 1 | 联盟内部文化推崇企业间信息与知识共享 | | | | | |
| 2 | 当企业需要技术知识或产品信息时，通常从联盟内其他企业获取 | | | | | |
| 3 | 公司通常花较少的时间和成本就能找到所需要的技术知识或产品信息 | | | | | |
| 4 | 公司通常很容易就能把从企业外部获得的技术知识应用到实践中 | | | | | |

## 第七部分：创新绩效测量

结合自身实际，请标明您对下列描述的认同程度，并在相应选项处打“√”。

表中：1=极不同意；2=较不同意；3=不确定；4=基本同意；5=非常同意。

| | 创新绩效 | 1 | 2 | 3 | 4 | 5 |
|---|---|---|---|---|---|---|
| 1 | 与我们的竞争对手相比，我们产品的改进和创新有较好的市场反应 | | | | | |
| 2 | 与我们的竞争对手相比，我们新产品开发的成功率较高 | | | | | |
| 3 | 我们的新产品在技术含量上是一流的 | | | | | |
| 4 | 与同行相比，我们的新产品开发的投入产出效率较高 | | | | | |
| 5 | 我们有非常先进的生产设备 | | | | | |
| 6 | 我们的生产设备体现了一流的工艺技术 | | | | | |

## 第八部分：关系绩效测量

结合自身实际，请标明您对下列描述的认同程度，并在相应选项处打“√”。

表中：1=极不同意；2=较不同意；3=不确定；4=基本同意；5=非常同意。

| | 关系绩效 | 1 | 2 | 3 | 4 | 5 |
|---|---|---|---|---|---|---|
| 1 | 我们与合作伙伴打交道感觉很愉快 | | | | | |
| 2 | 我们对合作伙伴很满意 | | | | | |
| 3 | 我们提供的产品和合作伙伴的要求很接近 | | | | | |
| 4 | 我们认为合作伙伴是值得交易的好公司 | | | | | |
| 5 | 我们对与合作伙伴的合作关系很满意 | | | | | |
| 6 | 我们对合作伙伴的整体表现很满意 | | | | | |
| 7 | 我们对合作伙伴在沟通方面的做法很满意 | | | | | |
| 8 | 我们觉得合作伙伴在谈判中很公平 | | | | | |
| 9 | 我们觉得合作伙伴是可以信赖的 | | | | | |
| 10 | 我们觉得合作伙伴不会利用我们的问题去获取利润 | | | | | |
| 11 | 我们觉得合作伙伴在同我们协商时很诚恳 | | | | | |
| 12 | 环境变化时，我们觉得合作伙伴会给我们提供支持 | | | | | |
| 13 | 我们觉得合作伙伴在做重大决策时会考虑我们的利益 | | | | | |
| 14 | 我们认为合作伙伴遵守承诺 | | | | | |
| 15 | 我们是合作伙伴的忠诚顾客 | | | | | |
| 16 | 我们会继续和合作伙伴进行交易 | | | | | |
| 17 | 我们认为合作伙伴值得我们努力去维持双方关系 | | | | | |
| 18 | 即使有更多更佳选择，我们也不会和其他公司交易 | | | | | |
| 19 | 我们会长期和合作伙伴合作 | | | | | |
| 20 | 我们关心合作伙伴的长期发展与成功 | | | | | |
| 21 | 我们会参与合作伙伴的新产品研发 | | | | | |

# 附录三　核心企业领导力对网络关系的影响研究的问卷调查

尊敬的先生/女士：

您好！

首先感谢您在百忙之中抽出时间参加本次问卷调查。您将要看到的是一份学术问卷，目的在于研究创新网络中核心企业领导力对网络关系的影响。本次调查的对象是您所在的公司或企业，问卷填写采取匿名方式，答案无对错之分，所有资料仅供学术研究之用，不会用于任何商业用途。希望能够借助您在业界工作的经验，支持学术上的观点，从而得出具有指导意义的研究报告。若您需要本书成果摘要，请提供个人通信资料，以便本书完成后及时反馈。

我们郑重承诺，您对本问卷中的所有回答都将**严格保密**，本次调查的结果**不会用于任何形式的个人表现评价**，因此请您放心回答，**并请提供真实有效的信息**。衷心感谢您的合作与支持！

此致

敬礼！

西安电子科技大学经济与管理学院

---

问卷填写说明

1.请根据自己的实际情况或真实感受选择最接近您实际情况的答案，若您收到的问卷是纸质版，请在相应的位置打“√”；若您收到的问卷是电子版，请按照指示标记相应的答案。

2.您填写的信息对本书非常重要，请将问卷中的所有问题答完。

---

## 第一部分：基本情况

下述题项描述了您个人及所在企业的基本情况，请根据您的实际情况填写。请直接在对应的选项上打“√”。

1. 您的职务：

A. 基层管理者　　B. 中层管理者

C. 高层管理者　　D. 其他

2. 贵公司的员工人数：

A. 1～99 人　　B. 100～499 人

C. 500～1000 人　　D. 1000 人以上

3. 贵公司成立年限：

A. 5 年以下　　B. 5～10 年

C. 11～15 年　　D. 16～20 年

E. 20 年以上

4. 贵公司的公司性质：

A. 国有企业　　B. 外商独资/外企办事处

C. 中外合资　　D. 民营/私营

E. 其他

5. 贵公司所属行业：

A. 互联网、信息产业　　B. 化工、电子产业

C. 机械重工产业　　D. 医药卫生产业

E. 其他

## 第二部分：核心企业领导力的测量

请从贵公司的合作单位中选择一个您比较熟悉的，并根据与该单位的业务往来经验回答以下问题。1～5 分别代表完全不同意、不同意、一般、同意、完全同意，请在相应的位置打“√”。

| | 影响力 | 1 | 2 | 3 | 4 | 5 |
|---|---|---|---|---|---|---|
| 1 | 处于领导地位的合作伙伴对我的行为具有约束作用（我能约束合作伙伴的行为） | | | | | |
| 2 | 处于领导地位的合作伙伴对我的业务要求，我能很好地执行与完成（我对合作伙伴的业务要求，他们能很好地执行与完成） | | | | | |

续表

| | 协调力 | 1 | 2 | 3 | 4 | 5 |
|---|---|---|---|---|---|---|
| 3 | 处于领导地位的合作伙伴能使各组织职责分明、指挥得体并使合作伙伴合作协调一致（我能使各合作伙伴职责分明，并能指挥合作伙伴合作协调一致） | | | | | |
| 4 | 处于领导地位的合作伙伴能够有效处理联盟内部的冲突，调解联盟内部关系（我能有效处理联盟内部冲突，调解成员间关系） | | | | | |
| 5 | 处于领导地位的合作伙伴能够通过有效的控制来发展和维持网络组织的目标一致性（我能使各合作伙伴职责分明，并能指挥各合作伙伴协调一致） | | | | | |
| | 引领力 | 1 | 2 | 3 | 4 | 5 |
| 6 | 因发展需要，当处于领导地位的合作伙伴做出战略改变时，我会毫不犹豫地追随他（当我做出战略改变时，我的合作伙伴会毫不犹豫地追随我） | | | | | |
| 7 | 当环境变化时，处于领导地位的合作伙伴能做出正确的决策以适应环境（当环境变化时，我能做出正确的决策以适应环境） | | | | | |
| 8 | 处于领导地位的合作伙伴能根据现实的环境与条件做出正确的发展战略（我能根据现实的环境与条件做出正确的发展战略） | | | | | |

## 第三部分：权力的测量

请从贵公司的合作单位中选择一个您比较熟悉的，并根据与该单位的业务往来经验回答以下问题。1～5 分别代表完全不同意、不同意、一般、同意、完全同意，请在相应的位置打“√”。

| | 权力 | 1 | 2 | 3 | 4 | 5 |
|---|---|---|---|---|---|---|
| 1 | 处于领导地位的合作伙伴可以在很多方面援引合同或法律要求我们服从 | | | | | |
| 2 | 如果我们没有顺从处于领导地位的合作伙伴的要求，他们有能力采取措施来减少我们的利润或撤销一些服务 | | | | | |
| 3 | 如果我们服从处于领导地位的合作伙伴的要求，他们将会通过某些形式给予我们奖励 | | | | | |

## 第四部分：网络关系的测量

请从贵公司的合作单位中选择一个您比较熟悉的，并根据与该单位的业务往来经验回答以下问题。1～5 分别代表完全不同意、不同意、一般、同意、完全同意，请在相应的位置打“√”。

| | 信任 | 1 | 2 | 3 | 4 | 5 |
|---|---|---|---|---|---|---|
| 1 | 我们认为在我们需要时合作伙伴会帮助我们 | | | | | |
| 2 | 我们认为合作伙伴不会隐瞒，我们相信合作伙伴说的话 | | | | | |
| 3 | 我们认为合作伙伴会信守对我们的承诺 | | | | | |
| 4 | 在做重大决定时，合作伙伴既考虑自身利益，也考虑我们的利益 | | | | | |
| | 合作 | 1 | 2 | 3 | 4 | 5 |
| 5 | 我们通常与供应商、客户共同完成新产品开发的全过程 | | | | | |
| 6 | 我们通常与供应商、客户共同开展新产品市场营销的推广活动 | | | | | |
| 7 | 我们通常在业务流程设计方面与供应商、客户广泛开展合作 | | | | | |
| 8 | 我们通常在预测与生产计划方面与供应商、客户广泛开展合作 | | | | | |